제4차 산업혁명 시대의 '필수 역량'
생각플랫폼

제4차 산업혁명 시대의 '필수 역량'

기적을 만드는
생각플랫폼

황인원 지음

넌참예뻐
도서출판

목차

저자의 글   10

1장 새로움을 탄생시키는 '관찰법 3가지'   16

    전체를 보고 부분을 보라, 편견이 사라진다   21

    시원(詩源)한 생각놀이터   32

    남들이 보지 못한 것을 보려면 사소한 것에 집중하라   34

    시원(詩源)한 생각놀이터   39

    끊임없이 물어라, 세상을 재창조한다   43

    시원(詩源)한 생각놀이터   51

    기억해 두어야 할 '생각정리'   53

2장 통찰로 나아가는 '생각법 3가지'   54

    생각법 1 '의인화'
    모든 사물을 사람으로 만들어 생각하라   58

    시원(詩源)한 생각놀이터   67

    생각법 2 '의미부여'
    새로운 의미의 호칭을 찾아라   69

    시원(詩源)한 생각놀이터   77

플러스 알파를 넣어 재해석하라	79
시원(詩源)한 생각놀이터	86
입장을 바꿔 치환하라	88
시원(詩源)한 생각놀이터	93

생각법 3 '단순화'

수많은 생각을 제거하고 통합하라	95
시원(詩源)한 생각놀이터	101
기억해 두어야 할 '생각정리'	104

3장 창조의 비밀이 담겨 있는 '상상법 5가지' 106

상상을 키우는 접목의 공식	110
시원(詩源)한 생각놀이터	120
상상의 한계를 깨는 직유	124
시원(詩源)한 생각놀이터	133
창조 아이디어를 생성하는 은유	136
시원(詩源)한 생각놀이터	143
연관 없는 것들을 만나게 하라, 기이한 접목	146
시원(詩源)한 생각놀이터	153

역발상을 만드는, 모순의 접목	155
시원(詩源)한 생각놀이터	162
기억해 두어야 할 '생각정리'	**164**

4장 일상의 가치를 다시 발견하는 '깨달음의 방법' 166

작은 깨달음이 모여 새 세상을 만든다	170

깨달음의 방법1

감동하고 감탄사를 쏟아내라	176
시원(詩源)한 생각놀이터	181

깨달음의 방법2

동심과 호기심을 되찾아라	183
논리는 상상을 죽인다	186
호기심이 없으면 '살아있는 시체'	190
몸을 움직이면, 생각도 움직인다	195
시원(詩源)한 생각놀이터	199
기억해 두어야 할 '생각정리'	**200**

5장 시에서 경영 아이디어를 훔치다 　202

- 지혜와 소통을 얻는 공경영(空經營) 　206
- 시원(詩源)한 생각놀이터 　213
- 마법의 숫자 '3'을 활용하는 '3의 경영' 　215
- 시원(詩源)한 생각놀이터 　222
- 차이를 연결하는 '틈경영' 　223
- 시원(詩源)한 생각놀이터 　230
- 창의적 발상의 원천 '유머 경영' 　232
- 시원(詩源)한 생각놀이터 　236
- '진국'을 얻는 '신뢰경영' 　237
- 시원(詩源)한 생각놀이터 　241
- 생각이 살아있는 '기다림의 경영' 　243
- 시원(詩源)한 생각놀이터 　248
- 새로운 틀을 만드는 '무위경영(無爲經營)' 　249
- 시원(詩源)한 생각놀이터 　255
- 대화 차단을 치유하는 '품의 경영' 　256
- 시원(詩源)한 생각놀이터 　261

기억해 두어야 할 '생각정리' 　264

저자의 글

아이디어 천재가 되려면 시를 알아야 한다

　최근에 시를 읽은 적이 있는가? 대부분 내가 언제 시를 읽었더라, 하며 가물가물한 기억을 더듬고 있을 것이다.
　10대, 20대 시절 좋아하던 시 몇편쯤은 줄줄 외우고, 책꽂이에 시집을 한 권 한 권 늘려가는 재미에 푹 빠졌던 사람들도 서른이 되고 마흔이 되면서 시와 점점 멀어지고 만다. 시집을 펼쳐들고 감성에 젖기에는 사는 일이 너무 복잡하고 고단하다고 변명하면서….
　언제부턴가 시는 읽어봐야 밥도 안 나오고 떡도 안 나오는 무용지물 신세가 되어버렸다. 모든 것이 '실용'의 잣대로 평가받는 이 때, 당장 써먹을 데라고는 없어 보이는 시가 홀대받는 것은 어쩌면 당연한 결과인지도 모르겠다. 살아남기 위해서 익히고 배워야 할 것이 얼마나 많은가. 재테크도 알아야 하고, 외국어 실력도 향상시켜야 하는데, 시에 눈길 줄 시간이 어디 있겠는가.

과연 정말 그럴까? 아니다. 시를 알면 밥도 나오고 떡도 나온다. 재테크, 외국어 실력보다 더 많은 밥과 떡을 만들어낼 수 있다.

지금은 고인이 됐지만 우리 시대의 천재라고 일컬어지는 사람 중 애플의 스티브 잡스는 시집을 곁에 두고 수시로 시를 읽었다. 스티브 잡스뿐만이 아니다. 세계적인 기업의 리더 중에 시를 즐겨 읽는 이들이 많다. 한 기업의 운명을 손에 쥐고 있는 이들이 시간이 남아돌아서 시집을 펼쳐드는 것은 아닐 것이다. 바쁘기로 치면 둘째가라면 서러울 세계적인 CEO들이 '돈 안 되는' 시를 읽는 이유는 무엇일까?

시를 읽으면서 다양한 아이디어와 상상력을 만나기 위함이다. 아이디어와 상상력을 만나는 것으로 끝나는 게 아니라 이를 활용해 자신의 기업이나 삶의 경영(자신의 삶도 철저하게 경영하지 않으면 살아남지 못하는 세상이다)에 활용하기 위함이다.

시에서 비즈니스 아이디어와 영감을 얻는다고? 물론이다.

알다시피 지금은 빛나는 아이디어 히니로 세게 제일의 부자가 되기도 하는 세상이다. 상상력이 고갈되면 현재 일등이라 해도 언제 10등, 20등으로 뒤처질지 모르는 세상이다. 상상력이야말로 현대를 살아가는 이들에게 가장 강력한 무기인 것이다.

그런데 상상력이라는 게 어느 날 갑자기 확 내게로 찾아오는 게 아니다. 수학문제 풀 듯 매일 엉덩이 붙이고 앉아 연습한다고 향상되는 것도 아니다.

상상력을 향상시키는 지름길은 바로 시에 있다. 스티브 잡스를 비롯한 유명 CEO들은 그 사실을 먼저 깨달은 사람들이다. 시는 알고 보면 가장 실속 있는 장르인 것이다.

나는 기자생활을 오래하면서 CEO를 인터뷰할 기회가 많았다. 그들과 깊은 이야기를 나누면서 시인이 시를 창작하는 방법과 CEO가 비즈니스를 풀어가는 과정이 비슷하다는 사실을 알게 되었다. 시와 경영은 같은 상상력의 산물인 것이다. 그런 발견을 통해 '시와 경영의 접목'을 본격적으로 연구하기에 이르렀다.

우리는 삶에 전혀 도움이 되지 않게 시 공부를 하고 있다. 어떤 시인이 밭에 배추를 심었다. 농약 없이 키우는데 잘 자라지 않았다. 시인은 밭둑을 지나며 늘 배추에게 말을 했다. "잘 자라라. 너희는 나의 기쁨이야." 습관처럼 배추에게 하고 다닌 말 때문이었을까. 여름을 지나고 늦가을이 되어 배추를 수확할 때 보니 배추의 속이 튼실하게 찼다. 그런데 가만 보니 배추 겉은 배추벌레에게 먹혔다. 그 모습을 본 시인은 이렇게 생각한다. '배추는 배추벌레가 자신의 살을 먹도록 내주면서도 속은, 아니 속마음은 이처럼 아름답고 튼실해진 것이구나.'

'이것이 제 살을 내주면서 자식을 키우는 사람의 마음과 다를 바 없지 않은가'라고 생각한다. 이런 까닭에 혹시라도 '배추벌레 한 마리가 이 속에 갇혀 나오지 못하면 어떻게 할까' 하며 배추를 꽁꽁 동여매지 못한다. 나희덕 시인의 〈배추의 마음〉이라는 시의 내용이다.

배추의 모습을 보고 시인이 얻은 깨달음은 바로 '배추의 마음과 사람의 마음이 같다'다. 그러면 우리는 여기서 무엇을 얻을 수 있나? 사물이나 자연을 사람처럼 여기고 대하면 우리가 몰랐던 새로운 사실을 발견할 수 있다는 점이다. 이것이 시인들이 시를 창작하는 방법 중 하나인 발견법의 핵심이다. 이런 사고의 방법을 활용해 우리도 다른 사물이나 자연을 대상으로 시인처럼 똑같이 해보고 새로움을 찾는 연습을 하면 기존에 몰랐던 것을 발견하는 데 커다란 도움이 된다.

그런데 중학교 3학년 교과서에 실린 〈배추의 마음〉이라는 시를 학교에서는 어떻게 배우는지 보자.

갈래는 자유시, 서정시, 성격은 서정적, 자연 친화적, 운율은 내재율, 제재는 배추, 주제는 인간과 자연의 교감, 생명을 소중히 여기는 마음, 수사법은 의인법, 설의법, 특징은 1. 인간과 자연물 간의 마음의 교류를 다루고 있다. 2. 친근감 있는 구어체를 사용하고 있다. 3. 자연물인 배추를 마치 사람처럼 표현하고 있다. 시어의 특징은 음악성, 형상성, 함축성.

이것이 학교에서 시를 배우는 내용이다. 물론 틀린 부분이 없다. 하지만 매우 중요한 요소가 빠져 있다. 스티브 잡스가 프레젠테이션할 때 중요시하게 여겼던 대목인 What's in it for me?(나를 위해 무엇이 담겨 있는가?)다.

앞서 말한 것처럼 이 시에서 배추를 사람으로 생각해 배추에게도 사람처럼 마음이 있다는 사실을 알게 된다면, 그래서 배추의 마음을 읽을 수 있게 된다면 우리는 그동안 보지 못했던 것을 볼 수 있게 된다. 또한 배추가 어떻게 변하게 될지도 찾아낼 수 있다.

즉 시를 읽고 시인이 깨달음을 얻은 방법이 어떠했고, 내가 그 방법을 활용하면 내 삶이 어떻게 달라질 수 있는가, 혹은 시적 대상인 사물이나 자연이 어떻게 달라지게 될 것인지를 생각하고 상상할 수 있어야 한다. 그래서 시인들의 관찰 방법, 사물이나 자연을 대하는 생각의 방법이나 상상의 방법을 알아야 한다. 시 읽기는 바로 이런 이유로 행해져야 한다.

〈시에서 아이디어를 얻다〉의 개정판인 이 책은 시인들의 '생각 창조법'을 배우는 도구다. 시인들은 관찰을 어떻게 하고, 우리가 알고 있는 사물이나 자연 등을 어떻게 의미 부여해 새로움을 발견해내는지, 또 새로운 생각은 어떤 방법으로 만드는지를 살펴보고, 그것을 기업에 응용하려면 어떻게 해야 하는가를 설명하기 위해 쓰여졌다.

따라서 하나의 카테고리가 끝날 때마다 생각놀이터에서 스스로 책 내용과 같은 방법으로 새로운 생각을 해보도록 꾸몄다. 이 놀이터를 잘만 활용하면 새로운 아이디어를 생성하는 기회가 될 것이다.

이로 인해 많은 기업 구성원은 제4차 산업혁명 시대를 선도하는 아이디어 천재가 되었으면 하는 바람이다.

2018년 1월
황인원

새로움을 탄생시키는 관찰법 3가지

1장

우리가 기존에 모르던 사실을 발견하는 일이나, 세상에 없던 것을 만들어내는 창조적 행위는 출발점이 모두 같다. 그 출발점이 관찰이다. 하지만 많은 사람이 관찰의 중요성을 간과하고 있다.

어느 문학 모임에 초대됐을 때다. 나는 그 자리에서 관찰의 중요성을 강조했다. 반응은 좋지 않았다. 영 떨떠름하다는 표정을 지었다. 자신들에게 도움이 될 만한 얘기를 해달라고 불렀더니 쓸데없는 소리만 한다는 식이었다. 마치 관찰을 다 안다는 그런 태도였다.

과연 그들은 관찰을 다 아는 것일까. 그들에게 '관찰이 무엇이냐'고 물었다. 관찰은 '자세히 살피는 것'이란다. 그렇다. '어떻게 자세히 살필 것인가'를 다시 물었다. 말이 없었다. 침묵 속에서 누군가가 대답했다. '그냥 보면 되지 뭐. 그게 뭐 중요해.' 이번에는 틀렸다.

관찰은 '그냥' '자세히 살피는 것'이 아니다. 그 대상만이 가진 특징, 그러니까 '남다른 무엇'을 찾는 일이다. 결국 관찰은 대상이 갖고 있는 특징을 찾아내 또 다른 무엇을 생성하거나 다른 것과 연결해 제 3의 것을 창출할 수 있는 재료를 제공해준다.

그러면 특징은 어떻게 찾는 것일까. 특징을 찾기 위해선 먼저 시선과 관점을 알아야 한다. 시선은 눈의 방향이다. 시선에는 어떤 의도도 목적도 없다. 그야말로 '그냥' 쳐다보는 것이다. 때문에 자신이 쳐다보는 그 자리에 그 사물이 있다는 '현상'만 보게 된다. 현상이란 '보이는 모습'이다. 자신이 보이는 모습만 볼 뿐 그 사물의 어떤 특징도 찾아낼 수 없다.

관찰을 잘하기 위해서는 시선이 아니라 관점이 있어야 한다. 관점은 시선에 의도성을 둔 것이다. 일부러, 의도적으로 그 사물을 어떤 방향에서든 쳐다보는 것이다. 의도에는 사물의 외형이나 내면의 특징을 찾고자 하는 의지가 담겨 있다. 때문에 관점이 없으면 제대로 관찰에 이를 수 없다.

시인들을 평범해 보이는 사물에서 시인만의 관점으로 그 사물의 특징을 잘 짚어낸다. 시를 쓰기에 앞서 관찰을 잘한 덕분이다. 시인들은 자신이 관찰한 사물의 특징에 자신만의 상상력을 보태 새로운 의미를 만들어낸다. 그러니 시인의 상상도 실은 관찰에서부터 나오게 되는 것이다.

'시인은 상상력이 풍부하다'는 말을 많이 한다. 시인이 어떻게 사물을 관찰하는지 살펴보면 이 말의 의미를 알 수 있다. 시인처럼 관찰해야 시인처럼 생각할 수 있고, 시인처럼 생각해야 새로움을 발견하고 창조할 수 있다.

그러면 시인들은 어떻게 관찰할까. 시인들의 관찰 방법은 크게 세 가지로 나누어지는데, 첫 번째가 '전체를 살핀 후 부분으로 관점 옮기기'다. 두 번째는 '보이지 않는 것을 보기'이고, 세 번째는 '당연한 것에 물음표 달기'다.

왜 이런 관찰법을 알아야 할까. 새로운 세상을 만드는 방법이 있기 때문이다. 크게 두 가지, '발견'과 '창조'다. 발견은 원래부터 존재하고 있었으나, 사람들이 미처 모르고 있던 사실이나 의미를 찾아내는 것이다.

반면 창조는 세상에 없던 것을 만들어내는 작업이다. 창조는 신이 우주의 만물을 만들듯 처음으로 생성된 것이다.

발견은 '관찰-통찰-발견'의 순으로 연결되고, 창조는 '관찰-접목-창조'로 이어진다(접목에 대해서는 3장에서 설명하려고 한다). 그러니 관찰은 발견과 창조에 없어서는 안 될 필수 항목이다.

제1장에서는 시에 나오는 관찰 방법을 통해 관찰의 중요성과 그 방법, 그리고 활용법을 알아보기로 한다.

전체를 보고 부분을 보라.
편견이 사라진다

'와~ 죽인다.'

대학원 때 일인가? 친구와 길을 가는데 친구가 느닷없이 함성을 질렀다. 작지만 강렬했다.

"뭐가?"

그 친구가 말하는 쪽을 쳐다보았다.

20대 초반의 여성이 지나가고 있었다. 정말 아름다운 여성이었다. 청바지를 입고 있는 이 여성은 다리는, 그야말로 최고였다.

두 청년을 정신없게 만든 그 여성이 시야에서 사라지자 친구와 나는 그 여성의 아름다웠던 외모에 관해 얘기하기 시작했다.

친구가 말했다.

"봤지? 그 여자 긴 머리!"

아, 그런데 난 그녀의 머리는 보지 못했다. 평소 청바지 입은 미끈한 다리만 보면 정신을 못 차리던 터라 나는 그녀의 다리만 봤던 것이다.

이런 얘기도 있다. 어느 큰 스님이 보좌승을 데리고 산 속 절을 나와 일을 보러 가는 길이었다. 이때 바람이 심하고 불자 주변 나무들이 '쏴아' 소리를 내면서 흔들렸다. 보좌승이 말했다.
"스님, 나무가 몹시 흔들립니다."
큰 스님이 보좌승을 바라보더니 대꾸했다.
"야, 이놈아! 바람이 부는 거지!"

이 두 가지 이야기는 우리가 너무도 잘 알고 있는 비트겐슈타인의 '애매도형'으로도 설명이 가능하다. 하나의 그림 속에 오리와 토끼라는 두 개의 형상이 들어 있다면 사람은 오리와 토끼를 둘 다 보지 못하고 그중 하나만 보게 된다. 이때 보이는 것은 자신이 관심 있는 부분이나 경험에 의해 잘 알고 있는 부분이다. 그리고 그것이 전부인 것으로 생각해버린다.

이럴 때 편견이 생긴다. 다른 쪽은 보지도 않았으면서 전부를 본 것처럼 말하고, 나중에는 아예 다른 쪽을 보는 것조차 거부하려는 경향이 생기게 된다.

편견 없이 둘 다 보려면 어떻게 해야 하나. 부분을 보기에 앞서 우선 전체를 보아야 한다.

사람을 관찰할 때는 그 사람이 주변 사람들의 모습과 어떻게 다른지, 또 어떤 행동을 하고 있는지, 앞모습과 뒷모습은 어떤지 모든 면을 살펴야 한다. 의도적 시선으로 대상자의 주변 상황과 대상자 전체를 보는 것이다. 전체 상황을 사진 찍듯 기억해 자신의 뇌 속에 있는 기억 저장 창고에 집어넣는다.

그러고는 몸의 특징이든 옷의 특징이든 그 사람의 부분적 특징을 찾는다. 이러한 관찰 방법은 한쪽만 보고 전체를 본 것처럼 생각하는 편견을 없애줄 뿐 아니라 미처 몰랐던 사물의 특징을 찾아내게 해준다.

어느 강연장에서 관찰 방법을 얘기했더니 누군가 이런 질문을 했다. 관찰 대상을 좀 자세히 보려고 했더니 사람들이 자신을 이상한 사람 취급하더라는 것이다.

당연한 말씀. 만약 이 글에 나온 방법으로 사람을 쳐다본다면 순식간에 뺨을 맞을 수도 있다. 상대의 입장에서 생각하면 얼마나 기분 나쁜 일이겠는가.

'전체를 본 후 부분을 보라'는 관찰 방법에 대해 예를 들려다 보니 사람을 대상으로 설명하는 것뿐이다. 사람을 상대로 이런 관찰 연습을 해선 안 된다. 여기서는 사람으로 대상을 삼으면 그만큼 이해가 빠를 수 있기에 그렇게 한 것이다.

이번에는 축구경기를 중계하는 카메라의 초점으로 생각해 보자.

한 팀이 골인에 성공한 모습에 대한 설명이다. 카메라는 운동장 전체를 비춘다. 전체를 위에서 찍는 것이다.

그러다가 공이 누구에게 있다가 누구에게로 연결됐는지를 보여주고, 다시 골을 넣은 선수를 클로즈업해 공차는 모습에서부터 공이 날아가는 모습, 공이 골대 안으로 들어가는 모습을 보여준다. 부분의 특징을 잡는 것이다.

여기서 끝나는 게 아니다. 완전히 반대 입장에서 골키퍼가 날아오는 공을 잡기 위해 어떤 태도를 취했는지, 골대 안을 중심으로 골이 날아오는 모습도 보여준다. 처음 카메라는 롱샷으로 운동장 전체를 보여주며 선수들의 위치를 보여준 후 시야를 좁혀 공을 찬 선수와 골키퍼를 중심으로 클로즈업해 다시금 부분을 보여주는 것이다.

시인들이 시를 쓸 때 관찰하는 방법이 이러하다. 일반 사람들은 사물을 볼 때 쓱 그냥 훑어보고 말지만 시인들은 그렇지 않다. 똑같이 훑고 지나가는 듯 보여도 전체 속에서 부분까지 관찰한 경우가 많다. 이는 시인들은 사물을 관찰할 때 그 사물만 따로 떼어내서 보지 않는 연습을 많이 한 덕분이다. 그래서 한번 슬쩍 쳐다봤을 뿐인데 주변상황과 그 특징이 들어와 있는 것이다.

이런 관찰 때문에 시인은 시를 쓸 때 관찰 대상이 되는 사물의 주변 상황을 앞부분에 써서 보여준 후 시를 전개하기도 한다. 이후 자신이 집중해서 써야 할 부분을 세세하게 표현한다.

집중해서 세세하게 표현할 대목이 여러 군데라면 하나의 제목으로 여러 편의 시를 써 부분과 부분을 종합해 전체를 나타내기도 한다.

1.
가을하늘 다하는

갈랫길

그 언저리.

억새 밑둥 마르는 종소리 날아와서

못 이룬 들녘의 꿈이

십자가로 앉았다.

2.
죄 지은 일 없으면

이 세상에 살지 말자

그리움도 하나의 죄

하늘이 준 형벌 앞에

긴 울음

꽁지에 참고

저 혼자 뜬 갈랫길.

　　　　　　-오승철, 〈고추잠자리4〉

결국 그런 것이다

그리움은 그런 것이다

평생 세운 날개, 십자가 세운 날개

간직한 이름만 있어도 나는 좋다, 애인아

─오승철, 〈고추잠자리5〉

〈고추잠자리〉를 대상으로 쓴 시다. 시인은 〈누구라 종일 홀리나〉라는 시집에 4부터15까지 총 12편의 고추잠자리 관련 시를 수록했다.

이들 시는 편마다 다른 관점을 가지고 있다. 여기에 소개한 두 편을 보면 〈고추잠자리4〉는 시인이 고추잠자리를 보고 쓴 것이다. 고추잠자리 날개와 몸통의 생김이 십자가처럼 생겼다. 날개는 이쪽과 저쪽으로 갈라져 있다. 갈라져 있기에 서로 그리워한다. 시인은 이 그리움도 죄라고 한다. 그래서 하늘이 준 형벌이란다. 그러니 고추잠자리는 형벌을 받는 대상이다. 우리가 고추잠자리를 아무리 봐도 떠오르지 않는 이미지를 잡아낸 것은 시인의 삶의 관점으로 고추잠자리를 봤기 때문이다.

그런데 〈고추잠자리5〉는 좀 다르다. 앞의 시가 시인의 관점으로 고추잠자리를 본 것이라면, 이번에는 고추잠자리 관점으로 봤다. 시인은 고추잠자리 관점으로 보기 위해 고추잠자리가 된다. 그 상황에서 사람의 모습을 본다. 완전히 달라진 관점이다. 이런 관점은 시에만 있는 '관점 달리하기'인데 이 시에서 그 진가가 잘 나타난다.

시인인 사람의 관점으로 봤을 때는 형벌로 느껴졌던 날개 모습이 , 고추잠자리가 되어보니 십자가를 세운 날개가 된다. 말하자면 자신 스스로 십자가 같은 존재가 되는 것이다.

이렇게 시인은 같은 제목이라 해도 하나는 이쪽의 관점, 다른 하나는 저쪽의 관점으로 살펴보면서 전체를 아우른다. 연작시를 쓰는 이유가 바로 여기에 있다.

쉽게 '서울'이라는 도시로 시를 쓴다고 해보자. 서울이 커서 어느 한곳에서만 보고 서울이라고 할 수 없으니 '광화문' '시청' '홍대 앞' '신촌' '강남역' '청담동' '영등포' '서울역 지하도' 등 서울을 대표할 수 있는 장소를 부제로 달아 쓴다.

이렇게 여러 장소를 관찰해 이런 특징 저런 특징을 모두 드러냄으로써 서울이라는 곳을 어느 한군데로 표현하는, 그리고는 그 곳이 서울의 전체라고 생각하는 편견에서 벗어날 수 있다는 얘기나.

무엇을 보더라도 전체의 상황을 살핀 후 부분을 보되, 한 군데에서만 보지 말아야 한다. 부분만 집중해서 본다고 사물의 특징이 잘 보이는 게 아니다. 특징은 전체 속에서 자신만의 관점으로 부분을 봤을 때 드러나게 돼 있다.

그러면 여기서 무엇을 배워야 할까. 사람은 비트겐슈타인이 애매도형이 설명하는 바와 같이 한쪽만 보게 돼 있다. 하지만 전체를 본

후 부분을 보는 관찰방법은 비록 사람이 한쪽만 보는 애매도형을 벗어날 수 없다 하더라도 내가 다른 쪽은 보지 못했다는 것을 알게 되고, 다른 쪽에서 다른 관점으로 봐야 전체를 보는 것이라는 인식을 하게 된다. 이 인식이 다른 관점을 만들도록 유도한다. 이 다른 관점이 자신의 발전을 담보하게 된다. 다른 관점에서 새로움이 나오기 때문이다.

다른 관점에서 사물의 특성이 드러나고, 그 특성에 생각의 옷이나 상상의 날개를 달 때 새로움이 나오는 것이다.

이른 아침이었습니다
뒷산을 오르다가
밤새 가만히 서 있었을
가시나무 가시에
이슬 한 방울이
맺혀 있는 것을 보았습니다 밤새.
아무 생각 없이 쿨쿨 잠만 잤을
아직도 잠이 덜 깬
그 가시나무 가시에
맑고 투명한
이슬 한 방울이 매달린 채

바르르 떨고 있었습니다

―이덕규, 〈自決〉

　이른 아침 산을 오르다 보면 나무 잎이나 나무 가지에 이슬이 맺혀 있는 것을 보곤 한다. 시인 역시 가시나무 가시에 이슬이 맺혀있는 것을 본다. 이런 모습을 그냥 보고 지나쳤다면 현상만 보고 지나친 것이다.
　하지만 시인은 의도적 시선으로 산과 나무를 본다. 일단 산 전체를 본다. 그리고 가시나무에 이슬이 맺힌 모습이 모든 나무에 나타나는 현상이 아니라는 것에 주목하다. 다시 시인은 가시나무 가시에 맺혀있는 이슬의 모습에 집중한다. 전체를 보고 부분을 본 것이다.

　여기서 '집중하여 본다'는 의미는 가시나무에 이슬이 맺힌 상황을 이슬 중심으로 세밀히 살피겠다는 의도적 시선(관점)이 있음을 말한다. 이러한 관점 덕분에 시인은 결국 '이슬이 바르르 떨고 있다'는, 보통 사람이 느끼지 못하는 사실을 관찰해낸다.
　이 상황으로 설명하면서 '자결(自決)'이라는 제목을 달았다. 이슬이 맺혔다가 무게 때문에 가시에서 떨어져 나가는 모습에서 이슬의 흔들림을 포착했고, 그 흔들림을 자결을 위한 행동이라고 표현한 것이다.
　이슬의 중심으로 살폈기에 가시나무는 그리 중요한 존재가 아니다. 그저 이 급박한 상황에서도 아무 생각 없이 잠만 쿨쿨 자는 그런 존재가 된다.

　자, 그럼 이제 시인과는 다른 관점으로 시 속의 상황을 살펴보자. 이슬 중심이 아니라 가시나무 중심으로 관찰을 해보자. 가시나무는 이슬이 땅에 떨어질 위기상황 앞에서 잠만 잘 수 없을 것이다. 죽을 상황에 몰린 이슬 때문에 안타까워 발을 동동 굴렀을 수도 있다.

　"이른 아침이었습니다/뒷산을 오르다가/밤새 몸 한번 움직이지 못한/가시나무 가시에/이슬 한 방울이/맺혀 있는 것을 보았습니다 밤새,/가시에 바르르 떨며 매달려 있던/맑고 투명한 이슬 한 방울 떨어질까봐/숨조차 쉬지 못하고 몸만 시커멓게 변하고 있었습니다".

　제목을 '사랑' 정도로 붙인다면 제 몸에서 떨어져 나가게 된 이슬을 안타까워하는 가시나무의 모습이 드러난다.
　'숲에서 일어난 일'이라는 큰 제목으로 '자결' '사랑' 등의 부제가 달린 시를 연달아 창작할 수도 있다. 숲속에서 일어난 일들을 이슬 중심의 관점으로 관찰한 '자결'과 가시나무 중심의 '사랑'으로 표현할 수 있기 때문이다.

　이렇듯 관점을 어디에 두느냐에 따라 새로운 관찰이 이뤄진다.
　누군가 어떤 문제에 부딪혔다고 하자. 보통은 자신이 볼 수 있는 한쪽 관점으로 해결점을 찾으려 한다. 그 관점으로 문제가 해결되면 좋은데 그렇지 않을 때가 더 많다. 그럼에도 계속 같은 관점으로 해결책을 찾으려다 실패를 거듭하게 된다.

이때야말로 다른 관점이 필요할 때다. 다른 관점을 생각하도록 해주는 것이 바로 전체를 본 후 부분을 보는 관찰법이다.

시원(詩源)한 생각놀이터

1. 우리 회사가 속해 있는 산업의 전체를 관찰해보자. 사물에 인공지능을 넣는 것이 기본인 제4차 산업 혁명 시대에 과연 어떻게 변할까.

----

2. 1에서처럼 변화한 제품을 고객이 어떻게 생각할까. 고객 관점이 되어 필요성이 있는지, 다른 불편함은 없는지 생각해 본다.

----

3. 우리 회사 제품(서비스)은 어떻게 될까. 어떻게 변해야 지속적으로 성장할 수 있을까.

남들이 보지 못한 것을 보려면 사소한 것에 집중하라

문제 하나 풀어보자. 우리 생활에서 가장 많이 볼 수 있는 도형은 무엇일까. 도형이라고 하면 머리가 갑자기 아파지는 사람이 있을 텐데, 어려울 거 하나 없다. 주변을 둘러보기만 하면 된다. 주변의 물건이 어떤 모양인지 살펴보라. 여기에 두 번째 관찰 방법, 남들이 보지 못한 것을 보는 방법이 숨어 있다.

정답은, 사각형이다. 사실 세상 모든 게 사각형이다. 우리의 일상이 사각형 속에서 이뤄진다.

사각의 방에 들어가

사각의 책상에서

사각의 잠을 잤다

일어나니 내 몸이 사각형이 되었다

–강신애, 〈사각형이 되기 위하여〉 앞부분

강신애 시인의 시처럼 우리 몸이 사각형이 될 만큼 세상이 온통 사각형이다. 사각형을 집을 나와 사각형 차를 타고 사각형의 사무실로 출근해 사각형 컴퓨터 앞에서 일한다. 사각형 식탁에서 점심을 먹고 사각형 의자에 앉아 사각형의 책을 참고삼아 사각형의 서류를 작성한다. 사각형의 창문으로 저녁이 다가오면 사각형 차를 타고 사각형의 길을 달려 다시 사각형의 집으로 돌아간다. 사각형의 욕실에서 샤워를 하고 사각형의 TV를 보다가 사각형 방에 들어가 사각형 침대에 누워 잠을 잔다. 그러다가 나이가 들어 죽을 때도 사각형의 무덤 속으로 들어간다.

세상 사람들은 편하기 위해 사각형을 만든다. 끼워 맞추기 좋고 만들기도 편하다.

하지만 평소 자신이 사각형 속에서 살고 있다고 생각하는 사람이 얼마나 될까. 거의 없으리라. 너무 흔해 굳이 생각할 이유가 없기 때문이다. 또 하루하루 사는데 사각형이 주는 의미가 크지 않다고 생각하기 때문일 것이다.

이런 사각형의 세상을 보는 것이 관찰이다. 사각형처럼 남들이 전혀 관심을 갖지 않거나, 의미있게 생각해 보지 못한 것을 보는 것이 관찰이다.

그렇다면 어떻게 해야 남들이 보지 못하는 것을 볼 수 있을까. '난 남들이 다 잘 보는 것도 잘 보지 못하는데 남들이 보지 못하는 것까지 보라고?' 하면서 갑갑할 수도 있을 것이다. 그럴 필요 없다. 사소한 것에 주목하면 남들이 보지 못한 것을 보게 된다.

'하인리히법칙'이라고 있다. 1930년대 초 미국 한 보험회사의 관리·감독자였던 H.W. 하인리히가 고객들을 상담하고 그들의 사고를 분석한 결과 '1대 29대 300'의 법칙이 있다는 사실을 발견했다.

1번의 대형 사고가 발생했을 경우 이미 그 전에 유사한 29번의 경미한 사고가 있었고, 그 주변에서는 300번의 이상 징후가 감지됐었다는 것이다.

실제로 최근 10년간 우리나라 교통사고를 분석해보니 1회의 사망 사고에 35~40회 정도의 중·경상 사고가 발생했다고 한다. 뿐만 아니라 수백 건의 위험한 교통법규 위반사례가 적발됐다고 한다.

사고는 어느 날 갑자기 찾아오는 게 아니고 무수한 사고의 징후를 무시했을 때 찾아온다. 사고의 징후를 사람들은 중요하게 여기지 않는다. 사고가 난 후 그제야 사고가 사소함에서 비롯됐다는 것을 깨닫는다. 그러고는 금방 또 잊는다.

한 상품에서 치명적 결함이 드러났다면 29회의 고객 불만이 회사에 접수됐을 것이고, 고객이든 사원이든 300번 정도 '이상하다'는 징후를 느꼈음이 분명하다. 그러니 사소하다고 여겨지는 사고 징후를 포착해야만 대형 사고를 방지할 수 있다.

사소한 것에 대한 관찰은 이처럼 사고의 징후를 찾는 데만 활용되는 게 아니다. 사고의 징후를 본다는 것은 곧 남들이 보지 못하는 것을 본다는 의미가 된다. 따라서 남들이 보지 못한 것을 보려면 사소한 것에 집중해야 한다.

생각해 보라. 온 세상이 사각형으로 돼 있다는 사실을 알고 나면 문제가 될 것도 같지만, 사각형 세상을 만들게 된 작은 제품 하나하나로는 큰 문제점이 보이지 않는다. 그러다 보니 하나의 사각형 제품을 유심히 보지 못하는 것이다.

하나의 제품에서 사각형을 관찰했다면 그 제품과 다른 제품의 모양을 세세하게 비교하면서 차이점과 공통점을 찾아보라. 그러다보면 남들이 보지 못하는 사각형 세상을 관찰하게 된다.

세계 각국은 이미 다양한 모양의 건물을 세워놓고 있다. 그 기발한 발상에 탄성이 나오기도 한다. 우리나라에도 파주출판단지를 중심으로 예술성을 가미한 다양한 모양의 건물이 세워져 있다. 이처럼 재미있고 기묘한 건물은 바로 사각형 세상에 대한 집중적인 관찰의 결과인 셈이다.

사각형에 갇혀 있으면서도 그것을 모르는 것은 고정관념 때문이다. 우리 주변에 널려 있는 사각형이 바로 고정관념에서 비롯된 도형이다.

사각형을 벗어나려면 먼저 우리가 사각형 속에 살고 있다는 것을 알아야 한다. 즉 남들이 보지 못하는 것을 봐야 한다. 그래야 늘 하던 방식대로 다람쥐 쳇바퀴 돌리듯 살아가는 로봇 같은 삶에서 벗어날 수 있다.

세상은 움직이는 속성이 있다. 우리가 살아가기 힘든 이유도 세상이 움직이기 때문이다. 따라서 사람도 움직여야 한다. 품사로 말하자면 동사가 돼야 삶의 진정성을 갖는 것이다. 움직이는 않는 사람에게는 상상도 제 모습을 보여주지 않는다.

움직임을 전제로 했을 때 움직임을 원활하게 도와주기 위해 상상이 모습을 드러낸다.

그러니 상상을 잘 하기 위해서는 움직임이 있어야 하고, 움직임이 있기 위해서는 남들이 보지 못하는 것을 관찰해 고정관념에서 벗어나야 한다. 결론적으로 상상을 잘하기 위해서는 남들이 보지 못하는 것을 봐야 한다는 것이다.

시원(詩源)한 생각놀이터

어느 통신사 관련 얘기다. 고객이 이사했다. 그곳은 산꼭대기여서 그 통신사에서는 인터넷 연결이 되지 않았다. 서비스 불가 지역이었던 것이다. 할 수 없이 고객은 다른 통신사를 불러 설치했다. 원래 사용하던 통신사는 해지한 것이 아니라 어쩔 수 없이 해지가 됐다. 그러다가 얼마 후 휴대폰 때문에 원래 쓰던 통신사가 운영하는 휴대폰 매장에 들렸다. 이때 매장 직원은 "그 지역은 우리 통신사가 연결이 되지 않으니 휴대폰과 집 인터넷을 하나로 묶어 놓아도 인터넷 비용은 들어가지 않고 휴대폰 요금이 할인이 된다"고 묶음 상품에 가입하라고 권했다.

그 말에 이 고객은 본사에 전화를 했다. 그러고 근 2년 후, 이 고객은 인터넷 요금이 계속 통장에서 빠서나가고 있었다는 사실을 알게 됐다. 몇만원 빠지는 100만원이었다. 통신요금이 자동이체되고 있있는데 통장을 자세히 들여다보지 않아 몰랐던 것이다.

이 고객은 서비스센터에 전화를 해 상황을 설명했다. 그러고는 '혹시 보상받을 방법이 없겠느냐'고 물었다.

센터에서는 고객이 연결해 달라고 전화를 했으니 보상 방법이 없다고 했다. 단호했다. 고객은 "그러면 지금이라도 해지를 하겠다"고 말했다. 그러자 센터에서는 '2년의 약정 기간이 지나지 않아서 해지 위약금을 내야 한다'고 했다. 그것이 몇십만원이었다. 쓰지도 않고 쓸 수도 없었던 통신망을 사용했다고 요금이 빠져나갔는데, 이번에는 해지 위약금까지 내란다. 위약금까지 내라는 말에 고객은 그만 화가 나고 말았다. "주소가 어디로 돼 있느냐"고 물었다. 센터에서는 먼저 살던 집주소를 말했다.

"그 집은 다른 사람이 살고 있고, 그곳은 우리가 이사할 때 설치 기사가 와서 인터넷 선을 철거해 갔다. 그리고 지금 살고 있는 집은 그 통신사 서비스 불가 지역이다. 그런데 왜 주소가 먼저 집으로 돼 있는가. 연결해 달라고 신청을 했으면 다시 와서 설치를 해 줘야 하는 것 아닌가. 그러면 당연히 언제 설치하러 가겠다는 전화가 와야 하고, 그 집에는 다른 사람이 살고 있다는 사실을 알았을 텐데 그런 전화를 받은 적이 없다. 이건 어찌 된 일인가?" 하고 물었다.

센터에서는 "고객이 주소를 말한 적 없으며 재연결해달라고 신청해서 우리는 연결을 한 것이다. 고객이 연결해 달라고 전화를 했으니 우리는 잘못이 없다"는 말만 반복했다.

여러분은 어떻게 생각하는가. 이렇게 사소한 불만이 쌓여가는 것을 회사 리더나 회사 구성원이 심각하게 여기지 않는다면 이 회사의 미래는 어떻게 될까.

1. 사소한 것을 보는 방법 중에는 내가 무엇을 하고 있는지 알아차리기가 있다. 나는 지금 무엇을 보고 있는가. 어떤 소리를 듣고 있는가. 내가 걷고 있는데 오른발을 내딛고 있나, 왼발을 내딛고 있나. 이처럼 자신이 하는 행동이나 생각을 하나 하나 조각내 알아차리면 사물에 대한 사소한 관찰을 하는데 매우 용이해진다.

자, 지금부터 나의 행동을 조각내 하나 하나 적어보자. 나는 지금 무엇을 보고 있는가. 어떤 소리를 듣고 있는가. 손을 움직이고 있다면 어느 손, 어느 손가락을 어떻게 움직이는가. 내가 걷고 있는데 오른발을 내딛고 있나, 왼발을 내딛고 있나…….

----

2. 우리 회사에는 서비스나 제품 때문에 고객이나 고객사로부터 사소하다고 생각되는 불만이 접수된 것이 있는가. 그때 우리 회사의 대답은 어떠했는가를 돌아보고 적어보자.

끊임없이 물어라
세상을 재창조한다

대학 강의 때다. 시 창작 시간에 학생들에게 '눈(雪)'에 대해 시를 쓰라는 과제를 냈다. 그랬더니 95%가 '땅에 내려 쌓인' 눈을 묘사했다. 나머지 5%는 '내리고 있는' 눈을 시로 썼다.

과연 우리는 눈이 내리고, 쌓인 모습만 관찰할 수 있을까. 이런 고정관념을 벗어나기 위해 학생들에게 '사람들은 왜 땅에 쌓인 눈에만 관심이 많을까' '다른 관찰 방법은 없을까'라고 스스로에게 질문을 던지라고 주문했다.

그러자 '하늘에 있는 구름에서 눈이 만들어진다'는 사실에 주목하는 학생이 나왔다. 새로운 관점의 출발인 셈이다. 새로운 관점 덕분에 이 학생은 '구름을 탈출한 눈이 세상을 향해 쏜살같이 내달리기 시작했다'는 시구를 만들어냈다.

그 학생에게 다시 물었다.

"구름에서 눈을 만들어냈으면 구름은 눈이 태어난 곳이군. 학생이 태어난 곳은 어디지?" "대구에 있는 집입니다."

그러면 "대구는 어떤 의미인가?" 내가 다시 묻자, 학생은 "고향"이라고 답했다. 그러면 눈이 태어난 장소가 사람으로 말하자면 고향인 셈이다. 그러니 '구름 대신 고향이라는 단어를 넣으면 어떨까'라고 제안했고, 학생은 받아들였다. 그래서 '고향을 탈출한 눈이 세상을 향해 쏜살같이 내달리기 시작했다'는 표현이 나왔다.

관점이 다르니 남과 다른 차별적 관찰이 가능했고, 그로 인해 새로운 표현이 나올 수 있었던 것이다. 이때 남다른 관점은 어떻게 갖게 되었을까. 물음에 의해서다.

관찰을 잘하려면 '왜 이렇게 생겼을까' '다른 사람은 왜 이런 관점으로 보았을까' 등 어떤 내용이든 계속 물어야 한다.

'당연하다'고 여겨지는 모든 것에 의심의 물음표를 끊임없이 달아보아야 한다. 그래야 남다른 관점이 나오게 된다. 이것이 사물의 특징을 찾아내는 관찰로 연결되는 것이다. 상상력이 뛰어난 사람들을 보면 물음표를 달고 다닌다. 나는 왜 그런 상상을 하지 못했을까 하소연하기 전에 모든 사물에 일단 물음표를 달아보라. 이것이 세 번째 관찰 방법이다.

여기서 문제 하나를 내보려고 한다. 컴퓨터를 사용할 때 꼭 필요한 마우스(mouse)를 생각해 보자. 어떤 이유로 마우스라는 이름을 붙였을까?

1. 생긴 모양이 쥐와 같이 생겼다고 해서 붙인 이름이다.
2. 마우스를 개발한 사람이 디즈니만화의 주인공인 미키마우스를 좋아해서 붙인 이름이다.
3. 쥐의 움직임을 보고 영감을 받아 만든 제품이라서 마우스라고 붙였다.

마우스는 더글러스 엥겔벨트라는 사람이 발견한 개념을 복사기로 유명한 제록스사에서 발전시켜 개발한 제품이다. 마우스라는 이름은 생긴 모양이 꼭 쥐와 닮았다고 붙였다는 설과, 커서 움직임이 빨빨거리고 돌아다니는 쥐 움직임과 비슷하다고 해서 붙여졌다는 두 가지 설이 있다. '클릭'도 쥐가 내는 찍찍 소리와 비슷하다고 해서 붙여진 것이라는 설도 있다. 어떤 설이건 쥐의 외형이나 동작을 보고 따왔다는 점은 분명하다.

그런데 매일 만지고 있는 마우스가 쥐라는 사실을 인식하는 사람이 얼마나 될까. 그냥 이름이 마우스이니 마우스라고 부르는 사람이 대다수일 것이다.

이제 마우스를 보고 질문을 해보자. 물음표를 던져보자. 마우스는 왜 마우스여야 하는가. 왜 쥐 모양으로 만들었어야 했을까. 좀더 재미있고 편한 건 없을까. 이런 질문과 답을 찾는 사람들이 있었다. 그 결과 요즘은 모양이 다양해져서 쥐와 전혀 닮지 않은 마우스도 시중에 많이 나와 있다.

한 편의 동시를 소개한다.

뙤약볕이 쬐는
한낮입니다.

아기 방 앞에
바람이 찾아왔습니다.

"아기야,
혼자 심심했지?"

그러나 방에선
대답이 없습니다.

쌔근 쌔근 쌔근

숨소리는 들리는데-

바람은 가만히

방 안을 엿봅니다.

"애개개, 네 활개를 활짝 펴고

한잠 드셨네."

바람은 사뿐

아기 곁에 가 앉습니다.

가만 가만 가만

부채질을 해 줍니다.

가슴을 토닥이며

자장가도 불러줍니다.

그러다 바람도

졸음이 왔습니다.

아기 곁에 가만히

누워 버렸습니다.

　　　　－김원기, 〈아기와 바람〉

이 동시는 더운 여름, 방에서 잠자는 아기에게 바람이 일부러 찾아온다는 내용으로 시작된다. 주목할 점은 바람이 저절로 부는 게 아니라 의도적으로 아기를 찾아온다는 것이다.

과연 바람이 아기를 일부러 찾아올 수 있을까. 없다. 그런데 시인은 어떻게 이런 표현을 할 수 있었을까.

'바람이 왜 불지?'라는 의문 때문이다. 만약 '바람이 왜 불지?'라는 질문에 '기압차에 의해 공기가 이동하기 때문에 일어나는 현상'이라고 답했다고 하자. 과학 상식이 있으면 관찰하지 않아도 누구나 알 수 있는 답이다.

그러나 상상력을 동원해 '아기와 놀아주려고'라고 답하면 이제 영판 달라진다. 상식을 넘어서기에 새롭다. 새로움을 찾는 것이 관찰의 목적이다.

그렇다. 너무도 당연한 현상에 질문을 하고, 관점을 갖고 자신만의 해석을 하다보면 바람에서 전혀 다른 의미를 새롭게 포착할 수 있는 것이다.

김치 냉장고도 '왜'라는 물음표 덕분에 탄생한 제품이다. 김치 냉장고는 에어콘을 만들던 위니아만도가 개발했다. 이 회사는 자동차 에어콘 기술을 활용해 가정용이나 회사용 에어콘을 만드는 등 업종 다양화를 꾀하려고 했지만 문제가 있었다. 에어콘은 여름상품이기 때문에 1년 중 절반은 공장 가동이 중단됐다. 다른 제품을 생산해야만 했다. 하지만 다른 제품을 만들면 번번이 실패했다. 목적만 있었지, 왜 이것을 만들어야 하는지 의문이 없었던 것이다.

이 때 위니아만도 연구팀에서 '프랑스에는 와인저장소가 있고, 일본에는 초밥을 만들기 위한 생선저장소가 있는데 우리는 '왜' 김치저장소가 없을까' 질문을 하게 되었다. 이런 물음표를 달면서 김치 냉장고 탄생의 단초가 마련된 것이다.

한 조사에 따르면 교실에서 수업할 때 1시간 동안 교사는 학생에게 평균 80번의 질문을 한다고 한다. 반면 학생이 교사에게 하는 질문은 단 2번에 지나지 않는다. 배우는 학생이 선생님에게 80번의 질문을 해야 한다. 그래야 이해하지 못하던 부분을 알게 된다.

예전 TV 외화 중 〈하버드 공부벌레들〉이라는 드라마가 있었다. 하버드 법대생들의 생활과 공부 모습을 담은 드라마였다. 이 드라마에서 교수로 등장하는 킹스필드는 끊임없이 학생들에게 '왜'라는 질문을 던진다. 실제로 미국의 로스쿨은 왜라는 질문에서부터 시작해서 '생각하는 방법'을 배우는 곳이라고 알려져 있다.

〈성공하는 사람들의 7가지 관찰 습관〉을 보면 삼성의 이건희 전 회장도 경영이든 일상사든 문제가 생기면 최소한 다섯 번 정도는 '왜?'라는 질문을 던지고, 그 원인을 분석했다고 한다.

이건희 회장은 왜 이처럼 집요하게 질문을 했을까. 질문 속에 새로운 세상을 발견하고, 창조하는 생각법이 들어 있기 때문이다. 그러니 무엇에든 물음표를 달아라. 그리고 질문하고 또 질문하라. 성공 아이디어가 보일 것이다.

시원(詩源)한 생각놀이터

1. 지금 당신은 이 책을 읽고 있다. "왜 이 책을 읽고 있나?" 질문을 하고 대답해보자. 그리고 나서 우리가 살아가는 일에 모두 '왜'라고 질문하고 답을 생각해 보자. 특히 "나는 왜 이 회사에서 일을 하고 있는 것일까?"라는 질문에 답을 찾아보자. 내가 그동안 알고 있거나 생각해 보지 않은 다른 답을 찾아보자. 특히 이성적이고 논리적인 답보다 시인처럼 감성적이고 시적인 답을 찾아보자. 답을 찾다보면 그동안 자신이 생각하지 못했던 삶의 이유도 나올 수 있다.

----

2. 이번에는 회사 제품에 '왜'라는 질문을 해보자. '이 제품은 왜 만들어야 하나', '만들 때 우리는 왜 그렇게 할까' 등 여러 가지 질문을 만들어 해보자. 새로운 아이디어가 나올 수 있다.

기억해 두어야 할 '생각정리'

관찰의 세 가지 방법

1. 전체를 보고 부분을 보라. 편견이 사라진다.
하나의 사물을 볼 때 사진을 찍듯 전체를 한꺼번에 기억하라. 이후 한 부분씩 꺼내라. 그 부분을 중심에 두고 그 사물을 보라. 그리하면 카메라 렌즈가 골 넣는 장면을 찍듯 여러 각도에서 한 사물을 들여다 볼 수 있게 된다. 편견을 없애는 관찰 방법이다.

2. 사소한 것에 집중하라. 보지 못한 것을 본다.
사고는 어느 날 갑자기 찾아오는 게 아니고 무수한 사고의 징후를 무시했을 때 찾아온다. 사고의 징후를 사람들은 중요하게 여기지 않는다. 사고가 난 후 그제야 사고가 사소함에서 비롯됐다는 것을 깨닫는다.
한 상품에서 치명적 결함이 드러났다면 고객이든 사원이든 300번 정도 '이상하다'는 징후를 느꼈을 수 있다. 그리고 29번쯤 고객 불만이 회사에 접수됐을 것이다. 사소한 것이라고 치부하지 마라. 사소하다고 여겨지는 사고 징후를 포착해야만 대형 사고를 방지할 수 있다.

3. 물음표를 달아라. 세상을 재창조한다.
세상은 사각형 속에 갇혀 있다. 우리 삶에 숨어 있는 사각형의 도시와 사각형의 생활과 사각형의 생각을 찾아 '왜'라는 의문부호를 입혀라. 그리고 다른 모양의 느낌표를 만들어내라.
누구나 볼 수 있는 것을 보는 것은 현상이다. 관찰은 사각형처럼 실제는 존재하지만 보이지 않는 것을 보는 것이다.

통찰로 나아가는 생각법 3가지

2장

어느 날 메일이 한 통 도착했다. 오랜 친구인 모 시인이 보낸 메일이었다.

"어느 날 보니 나무에 잎이 몽땅 떨어져 있습디다. 이제 얼어가는 땅에 낙엽이 필요해진 시기. 낙엽은 땅으로 내려가 흙의 마음에 오래도록 따뜻함을 간직하도록 당분간 이불이 돼 줄 것입니다. 당신은 올해 당신의 마음을, 또 누군가의 마음을 얼마나 덥혔는지요. 낙엽이 되었는지요. 시를 쓰세요."

내가 시를 잘 안 쓰지 있다고 여긴 시인이 내게 한 충고 겸 안부 글이다. 이 글에서 시인은 낙엽이 흙의 마음을 덥혀주는 역할을 한다는 점을 발견하고 있다. 어떻게 이런 발견이 가능했을까.

낙엽은 우리 주변에 많다. 늦가을이 되면 누구나 땅에 떨어진 낭엽을 볼 수 있다. 그런데 왜 우리는 이런 생각을 하지 못했을까.

통찰의 차이 때문이다. 물론 통찰에 앞서 관찰을 얼마나 잘했는가가 매우 중요하다. 하지만 관찰을 잘했다 해도 통찰에 이르지 못하면 남다른 의미를 발견할 수 없다. 그러면 통찰은 과연 어떻게 하는 것일까.

'생각'에 있다. 관찰에 생각을 넣으면 통찰이 이뤄진다. 문제는 '어떤 생각을 어떻게 하느냐'다. 바로 '생각법'이다. 관찰에서 통찰로 나아가는 길에는 생각이라는 단어가 서 있다. 생각이라는 단어를 가져가야 비로소 통찰에 이르게 된다.

이 장에서는 과연 어떤 생각을 어떻게 해야 나에게 메일을 보낸 시인처럼 낙엽에 대한 통찰에 이르고, 그 결과 '흙의 이불'이라는 의미를 발견하는지를 설명하고자 한다.

시인들이 어떤 문제의 답을 찾기 위해 시도하는 세 가지 생각법에 답이 들어 있다.

하나는 '의인화 생각법', '의미부여 생각법', 그리고 '단순 생각법'이다. 이 세 가지가 전부는 아니지만 일반적으로 시인들이 많이 사용하는 생각법이다.

그동안 우리는 생각을 어떻게 하는지에 대한 교육받은 적이 없다. 생각을 잘하고 못하고는 개인의 성향이고, 생각은 스스로 알아서 해야 할 일이었다. 그러다 보니 '생각해보라'는 말만 들어도 머리가 아팠다.

이제 생각법을 활용해 '통찰력이 뛰어난 사람', '발견의 천재'가 되어보자.

생각법 1 '의인화'

모든 사물을 사람으로 만들어 생각하라

'저 예쁘죠? 뜯지 마세요! 아파요!'

어느 날 공원에 갔다가 본 팻말이다. 팻말대로라면 잔디가 말을 하고 있다. 잔디가 말을 한다고 생각하니 '잔디를 밟지 마시오'나 '잔디에 들어가지 마시오' '잔디보호'라는 명령조 팻말보다 보기도 좋고 호소력도 있다.

이런 문장을 보게 되면 사람들은 '아, 잔디도 아파할 수 있겠구나' 하는 인식을 갖게 된다. 때문에 이런 표현은 사람들의 마음을 자극하기에 충분하다.

우리는 '잔디가 말을 한다'거나 '잔디가 아파한다'라고 잘 생각하지 않는다. 그런데 팻말을 쓴 사람은 어떻게 이런 표현을 하게 됐을까.

잔디를 관리하는 사람은 늘 잔디를 봐야하니 자연스럽게 관찰이

가능해진다. 푸른 잔디 위에 앉거나, 스쳐 지나는 사람처럼 무심코 시선을 한번 주는 것이 아니라 잔디의 상태를 들여다봐야 한다. 잔디의 상태를 알아보기 위해 이리저리 살핀다. 관점인 것이다. 이 관점으로 보면 어떤 잔디는 쓰러져 있고, 어떤 잔디는 고개를 숙이고 있으며, 또 어떤 잔디는 꺾여 있다. 잔디의 여러 가지 상황을 보는 것, 이것이 관찰이다.

잔디 관리자는 잔디와 자신을 한 몸으로 생각한다. 쓰러진 잔디의 모습에서 자신이 쓰러져 있는 상황을 보고, 잔디가 고개를 숙이고 있는 모습에서 몸이 아파서 고개조차 들지 못하는 자신의 모습을 본다. 몸이 꺾인 잔디에서 자신의 팔다리가 부러진 모습을 생각한다. 그러다 보면 잔디가 안타까워지고, 잔디와 대화를 시도하게 되고, 잔디의 아픔을 느끼게 된다. 그 결과 '뜯지 마세요! 아파요!'라는 문장이 나오게 되는 것이다.

미국에서 재미있는 실험이 있었다. 미국에서의 실험은 식물도 생각을 한다는 사실을 보여준 예다.

어느 나무에 사람의 눈에 보이지 않을 만큼 매우 미세한 실을 매달았다. 나무의 파동을 측정하기 위함이었다. 한 사람이 도끼를 들고 '나는 저 나무를 베어 버릴 거야'라고 생각하면서 실험 대상 나무에 접근했다. 다시 돌아와 이번에는 도끼를 들지 않고 아무 생각 없이 나무에 접근했다.

결과는? 도끼를 들고 베어버리겠다는 생각으로 나무에 접근했을 때는 나무에 매달린 실이 매우 격렬하게 파동이 일었다고 한다. 반면 도끼를 버리고, 베어버리겠다는 생각 없이 나무에 다가갔을 때는 평소와 다름없이 파동이 없었다고 한다.

식물도 자신에게 닥친 위험을 이처럼 확실하게 느낀단다. 어디 이뿐인가. 식물도 자살행위를 한다. 집에서 키우는 화초 중 혹시 때 이른 꽃을 피운 적은 없는가. 이 화초가 주인의 극진한 보살핌에 행복해서 꽃을 일찍 피운 걸까. 천만의 말씀이다.

화초도 사람처럼 너무 간섭을 많이 받으면 괴로워한다. 주인의 손길이 지나치면 화초는 이로 인한 스트레스와 두려움에서 벗어나기 위해 빨리 꽃을 피워 씨앗을 남기고, 죽기로 작심한다고 한다. 일종의 자살행위인 셈이다. 이러한 현상을 '접촉형태발생'이라 한다.

일본에서는 물에 대한 실험도 있었다. 물에게 말을 들려주고 글씨를 보여주고 음악을 들려주었더니 물의 입자가 다르게 나타났다. '사랑' '감사'라는 글을 보여주거나 들려준 물에서는 비할 데 없이 아름다운 육각형 결정이 나타났고, '악마'라는 글을 보여주거나 들려준 물에서는 누구를 공격할 때와 같은 형상을 보였다고 한다.

'고맙습니다'라고 말했을 때는 정돈되고 깨끗한 결정을 보여주었고, '망할 놈' '바보' '짜증나네, 죽여 버릴 거야' 등과 같은 부정적인 말에는 마치 어린아이가 폭력을 당하는 듯한 형상을 드러냈다고 한다.

이 실험을 책으로 쓴 에모토 마사루 박사는 "물도 의식을 갖고 있으며 모든 것을 알고 있다"는 결론에 도달했다고 한다.

이러한 실험은 '잔디가 아파요'라는 표현이 허무맹랑한 상상만은 아니라는 사실을 알려준다.

시인들은 오랜 옛날부터 사물을 의인화하곤 했다. 시인들의 의인화는 단지 수사법의 단계에 머물지 않는다. 기본적으로 시인들은 모든 사물을 사람으로 만들어서 생각한다.

시인들이 모든 사물을 의인화하는 이유는 서정시 창작의 기본인 자아와 세계의 일체화에서 비롯된 생각법이기 때문이다. 자아는 나(시인)이고, 세계는 시를 쓰는 소재가 되는 대상이다. 자아와 세계를 일체화해 생각하는 것이 서정시 기본 생각법이다.

일체화하려면 어떻게 할까. 꽃을 사람으로 만들든지, 사람의 마음을 꽃 속에 집어넣든지 둘 중 하나를 선택하게 된다. 어느 경우든 사물을 사람으로 만들어야 일체화가 가능해진다.

따라서 사물을 사람으로 만들어 놓고 생각하는 것이 통찰에 이를 수 있는 가장 쉽고 빠른 길이다. 앞 장에서 소개한 김원기 시인의 동시 〈아기와 바람〉도 바람을 사람으로 의인화했기에 '바람이 왜 불지?'라는 질문에 과학적 답이 아닌 새로운 답을 찾아낼 수 있었던 것이다.

이런 시(詩)를 보자.

어느 날 풀은 나무에게 들었다
고통으로 죽고 싶을 때
육체를 버리고
영혼의 마음으로 돌아가 있으라고

비가 붉은 회초리로
풀의 얼굴을 갈긴다
살갗이 터지면서
두려움으로 피가 튀었다
풀이 땅바닥에 쓰러졌다

나무가 들려준 대로 풀은
마음을 영혼에게 주고
핏빛 제 몸을 가만히 바라보고 있었다

풀은 깨달았다
나무가 사는 법을
하나이면서 둘인 육체와 영혼을.
마음이 세상에서 가장 위대한 존재임을.

-황인원, 〈풀·說話〉 일부

풀이 죽고 싶을 때 극복의 방법을 나무에게 듣는다. 비가 붉은 회초리로 얼굴을 때리는 것도 고스란히 맞고, 두려움에 떨면서 풀이 쓰러지기도 한다. 또 마음을 영혼에게 주기도 한다. 과연 가능할까. 식물이 의식이 있다는 사실은 앞서 얘기했지만 이런 의식 있는 행동을 할 수 있을까.

그렇지는 않을 것이다. 그런데 어떻게 이런 시를 쓸 수 있을까. 풀을 사람으로 만들어 풀이 사람의 행동을 하는 것처럼 쓴 것이다. 그러다 보니 우리가 모르는 풀의 성향이 드러나고, 그로 인해 사람들은 풀에 대한 새로운 인식을 하게 된다. 이때의 새로운 인식이 풀에 대한 새로운 발견이다.

이 시를 읽을 때 풀과 나를 일체화해 보자. 나도 사람이니 일체화는 의인화의 일종이라고 할 수 있다.

"어느 날 나는 나무에게 들었다/고통으로 죽고 싶을 때/육체를 버리고/영혼의 마음으로 돌아가 있으라고//비가 붉은 회초리로/내 얼굴을 갈긴다/살갗이 터지면서/두려움으로 피가 튀었다/나는 땅바닥에 쓰러졌다//나무가 들려준 대로 나는/마음을 영혼에게 주고/핏빛 내 몸을 가만히 바라보고 있었다//나는 깨달았다/나무가 사는 법을/하나이면서 둘인 육체와 영혼을, /마음이 세상에서 가장 위대한 존재임을."

이렇게 풀이 들어갈 자리에 나라고 적어놓고 읽으면 풀이 내가 되니 그 상황을 내가 좀더 쉽게 파악할 수 있다. 그냥 풀에 대한 시라고 생각하고 읽을 때와 그 느낌이 확연히 달라진다.

누군가가 때리는 매를 이유도 알지 못하고 맞으며 두려움이 떨다가 급기야 쓰러지고 마는 상황, 예를 들어 누군가가 때리는 것이 자신의 잘못이 아니라 갑자기 닥친 주변 상황 때문이라면 어떨까. 얼마나 억울할까. 얼마나 고통스러울까. 그러나 세상에는 이런 일이 정말 많다. 이때 시에서의 내용처럼 인디언이 고통을 참는 법이 도움이 될 수 있다. 마음을 영혼에게 주는 것이다.

자, 이제 '의인화 생각법'을 습관으로 만들어보자. 주전자 뚜껑에 구멍이 뚫린 이유도 의인화 생각법을 적용하면 쉽게 풀린다. 〈통찰의 기술〉이라는 책에 의하면 원래 주전자 뚜껑에는 구멍이 없었다. 그런데 일본에서 뚜껑에 구멍 뚫린 주전자가 나오면서 지금은 어느 주전자나 전부 구멍이 뚫려있다.

주전자에 물을 넣고 끓인다고 하자. 물이 끓으면 당연히 수증기가 찬다. 수증기가 주전자 안에서 빠져 나오지 못하면 압력으로 주전자 뚜껑을 밀어낼 수밖에 없다. 뚜껑이 밀려나면서 '펑'하는 폭발음을 내거나 아니면 계속해서 달가닥 소리를 낼 것이다.

이 상황에서 필요한 조치는 수증기가 빠져 나가게 하는 것이다. 뚜껑을 열어 놓을까? 그러면 수증기는 빠져나가겠지만 계속 열어놓을 수는 없다. 물이 금방 식을 뿐 아니라 먼지가 들어갈 수도 있다. 뚜껑을 열지 않고도 수증기가 빠져 나가게 할 방법은 무엇일까. 뚜껑에 구멍을 내는 것이다. 이것이 주전자 뚜껑에 구멍을 내게 된 배경이다.

지금은 너무도 당연한 것이지만 처음에 그런 생각을 해내기란 쉬운 일이 아니다. 이때 주전자와 사람을 일체화해 사람의 생각을 주전자에 넣어보는 것이다.

그 사람을 나라고 하자. 자, 나를 난로에 얹는다. 너무 잔인(?)할 수 있으니까 좀더 쉬운 상황으로 찜질방에 들어갔을 때를 상상해보자. 찜질방에서 코를 막고 있는 상황을 가상해보자.

10~20분 지나면 몸은 데워진다. 그런데 입으로만 숨을 쉬려니 답답하기 그지없다. 시간이 좀더 지나니 가슴이 답답해서 터질 지경이다. 이제 어떻게 해야 할까. 막았던 코를 뚫는 것이다. 숨 쉴 구멍을 하나 더 뚫으면 답답함은 그만큼 사라진다. 열린 콧구멍이 주전자 뚜껑의 구멍이 되는 것이다.

이처럼 모든 사물에 사람의 생각을 넣으면 그동안 몰랐던 사물의 의미가 새롭게 보인다. 이것이 바로 통찰이다. 그러니 통찰은 '의인화 생각법'으로 얻어지는 것이다.

'의인화 생각법'은 주전자를 지금의 모양과 다르게 만들어 낼 수도 있다. 왜 주전자는 항상 같은 모양이어야 하나. 주전자에 팔 다리를 만들어 줄 수 있지 않을까? 팔과 다리에 필요한 기능을 넣으면 멋지지 않을까? 또 뜨거울 때는 주전자 색깔이 빨갛게 되고, 차가울 때는 파란색일 수는 없을까?

자아와 세계를 일체화하는 '의인화 생각법'으로 모든 사물을 사람으로 만드는 게 가능해지고, 그로 인해 새로운 제품을 만들 수 있는 기초 자료가 된다. 길을 지나다 발에 걸린 작은 돌도 그냥 차버리지 말고 자신의 또 다른 모습이라고 여기고 생각을 집어넣어 보자. 돌에서 금빛의 새로운 생각이 반짝반짝 빛날 것이다.

그렇다면 생각해보자. 제4차 산업혁명의 핵심 키워드가 무엇인가. 지능화다. 지능을 갖게 된다는 것은 모든 사물이 생각할 수 있는 능력을 갖는다는 말이다. 생각이 있으니 사람과 대화하고 소통하고 스스로 자신의 일을 알아서 처리한다.

시인들이 사물을 바라보고 자연을 바라보는 방법 아닌가. 사물을 사람으로 만들어 대화하고 새로운 이미지를 찾는 방법인 것이다. 이 시대에 시인들의 생각법이 중요한 이유가 여기에 있다. 시인처럼 생각하면 우리 제품이 어떻게 변하고, 우리 회사가 속한 산업군이 어떻게 진화할지를 알 수가 있다. 우리 회사가 무엇을 준비해야 하는지가 나온다는 것이다.

시원(詩源)한 생각놀이터

1. 우리 회사 제품(서비스도 가능)을 사람이라고 생각하고 그 사람이 무슨 생각을 하는지를 찾아보자. 이럴 때 좋은 방법 중 하나가 나라고 생각하는 것이다. 나도 사람이니 일반적인 사람보다 훨씬 생각하기가 좋다.

제품이 냉장고라면 냉장고가 나라고 생각하는 것이다. 그리고 나서 냉장고가 된 나의 마음을 찾아본다. 특히 어떤 불편함이나 소망이 있는가를 생각해보고 적어보자. 불편함이나 소망은 간단히 동사나 형용사로 작성한다. 예) 아프다. 답답하다. 일어서고 싶다 등.

----

2. 불편함이나 소망을 찾았으면 그 마음을 해결해줄 수 있는 방법을 찾아본다.

예를 들어 냉장고는 늘 한자리에만 있으니 답답할 수도 있겠다. 그러면 냉장고가 된 내가 스스로 알아서 자리를 옮겨 편한 곳으로 이동할 수도 있게 된다. 그러기 위해서는 전기선이 없어야 할 것이다. 그러면 어떤 냉장고가 될까? 전기선이 사라지고 스스로 자리를 찾아 움직이는 냉장고. 사람 말을 알아듣고 서비스 해주는 냉장고 등도 나올 수 있을 것이다.

만약 부품회사라면 이런 냉장고를 만들기 위해 우리 회사는 냉장고의 어떤 부품을 새롭게 준비할까 고민한다. 이 고민이 바로 산업을 통찰해 미리 준비하는 대비책이 될 것이다.

우리 회사 제품의 불편함이나 소망을 해결해주면 어떤 변화가 일어날까?

생각법 2 '의미부여'
새로운 의미의 호칭을 찾아라

앞에서 살펴보았듯이 '관찰−통찰(의인화, 의미부여, 단순화)−발견'의 과정 중 발견에 이르기 위해서는 의인화가 기본적으로 전제돼야 한다. 하지만 의인화가 통찰에 이르는 전부는 아니다.

사물에 대한 새로운 의미를 찾을 줄 알아야 통찰이 가능하다. 새로운 의미를 찾는 방법이 '의미부여 생각법'이다. '의미부여'란 어떤 사물이나 일에 가치나 의미를 붙여주는 것을 말한다. 사람에게는 어떤 명예나 권리, 임무 등을 지니도록 하는 것이다.

그러니 '의미부여'는 세상의 모든 존재물에 가치나 의미를 붙여주는 것이라 할 수 있다.

세상 모든 존재는 이미 존재 의미를 가지고 있다. 이미 존재하고 있는 의미에 또 다른 새로운 의미를 부여하는 것이 통찰이다.

집은 사람이나 동물이 추위, 더위, 비바람 따위를 막고 그 속에 들어 살기 위하여 지은 건물이다. 그러면 집에 또 다른 의미를 어떻게 부여할 수 있을까.

집에 사무실의 의미를 넣어보자. 오피스텔이 된다. 집에 다른 의미를 부여하니 또 다른 생활·사무공간이 만들어졌다. 이런 변화, 발전을 위해 통찰해야 하는 것이다.

문제는 어떻게 집에서 사무실의 의미를 생각할 수 있느냐는 것이다. 그 방법이 바로 '의미부여 생각법'이다.

시 창작에는 3가지 '의미부여 생각법'이 있는데 '새로운 의미의 호칭 찾기', '재해석', '치환'이 그것이다.

'새로운 의미의 호칭 찾기 생각법'의 가장 좋은 예가 '게토레이'다. 게토레이는 갈증해소음료로 알려져 있다. 하지만 이 음료는 원래 이온음료를 추구하다 나온 새로운 의미의 호칭이다.

이온음료라는 개념은 '포카리스웨트'에서 국내 최초로 만들어졌다. 이 음료는 등장하자마자 엄청난 인기를 끌었다. 그러자 다른 회사에서도 이온음료를 만들기 시작했다. 하지만 번번이 실패했다. 어떤 제품이라도 이온음료이기에 성분은 비슷했다. 하지만 이미 '이온음료는 포카리스웨트'라는 등식이 소비자에게 각인돼 있는 상황이라 어떤 회사가 이온음료를 만들어도 포카리스웨트를 따라가기 힘들었다.

당시 게토레이를 출시했던 제일제당(현 CJ)에서는 이온음료라는 기존의 이름을 바꾸기로 했다. 이름을 바꾼다는 것은 기존의 카테고리와는 개념을 달리하겠다는 뜻이다.

이온음료라는 카테고리를 벗어나니 포카리스웨트는 경쟁상대가 아니었다. 이온이라는 성분이 중요한 게 아니라 '언제 먹는 물이냐' 하는 개념이 중요해졌다. 그러니 물이 경쟁상대가 되었다. 경쟁자가 다르니 경쟁자와 맞서는 경쟁 개념도 달라졌다. 달라진 개념에 따라 '갈증해소음료'라는 새로운 의미의 호칭이 탄생되었다. 이온음료가 언제든지 마실 수 있는 '평소 음료'라면, 갈증해소음료는 운동 후 먹는 '운동 음료'로 새롭게 자리매김된 것이다.

결과는? 당연히 대성공이었다. 운동 후 혹은 너무 더움 갈증이 날 때 우리는 물을 먹거나 다른 음료를 마셨다. 그런데 그런 상황에 딱 맞는 음료가 나왔다면 그 음료를 찾을 수밖에 없다. '새로운 의미의 호칭 찾기 생각법'을 통해서 얻은 쾌거라고 할 수 있다.

암앤해머(Arm&Hammer) 베이킹 소다도 '새로운 의미의 호칭 찾기 생각법'의 좋은 예다. 베이킹 소다가 빵 만들 때만 사용하는 게 아니라 주부들이 냉장고에 넣어 냉장고 탈취제로 사용하는 것을 보고 암앤해

러는 냉장고 탈취제를 출시해 큰 성공을 거둔다.

어디 이뿐인가. 비즈니스에서는 진입장벽이 있을 때 활용할 수도 있다. 장벽이 높음에도 '계란으로 바위 치기 식'의 고집만 부릴 게 아니라 전략을 바꿔 새로운 의미의 호칭을 찾을 필요가 있다. '새로운 의미의 호칭 찾기 생각법'이 마케팅 기법의 '시장개발전략'인 셈이니 얼마든지 변화 전략이 가능하다.

> 망원시장 좌판에서 노가리를 구워 파는,
> 갓 마흔쯤 되었을까 팥죽빛 볼 그늘에
> 어리는 작은 숟갈들 그림자가 넷이라고
>
> 정작 있어야 할 큰 숟갈이 없고 보니
> 덜어낼 부끄럼이 어디 따로 있겠냐고
> 객꾼들 객소리 들으며 잔술까지 팔고 있는,
>
> —이승은, 〈풍경 2013〉-그 여자

이승은 시인이 2013년의 세상 풍경을 그린 4편 중 한 편이다. '그 여자'라는 부제가 붙은 이 작품의 핵심은 '숟갈'이다. 식구라는 단어는 입으로 먹는 사람이다. 사람이 모여 함께 음식을 입으로 먹으면 식구가 된다. 입으로 먹는 도구가 숟가락이다. 그래서 시인은 숟가락을 식구, 즉 가족을 의미하는 단어로 사용했다.

아이들은 '작은 숟갈'이라는 호칭이 붙었다. 시에 따르면 작은 숟갈은 넷이다. 남편을 의미하는 호칭 '큰 숟갈'은 없다. 남편이 죽었는지 헤어졌는지는 모르지만 남편 부재의 가족이다. 그러니 40살쯤 돼 보이는 여자가 '가장'의 의미를 대신한다. 어떻게든 아이들과 먹고 살아야 한다. 생선을 구워 파는 일도, 술파는 일도 마다할 수가 없다.

아내나 엄마의 삶에 가장의 호칭이 붙으니 삶의 방식이 달라졌다. 엄마의 업이라는 카테고리와 가장의 업이라는 카테고리는 개념이 다르다. 과거에는 아이들 보살피고 주부 역할을 하는 엄마의 업만 하면 됐지만 지금은 무슨 수를 써서라도 돈을 벌어 아이들을 먹여 살려야 하는 가장의 업까지 짊어졌으니 다른 개념의 삶을 살아야 한다. 엄마에서 아빠로 카테고리가 변한 것이다. 한 여성의 어려운 삶의 모습을 보여주는 시다.

이정록 시인의 〈의자〉라는 시에는 어머니가 아들에게 '네가 아버지한테는 좋은 의자였다'는 내용의 시구가 나온다.
의자는 사람이 걸터앉을 때 쓰는 기구다. 그런데 이 시에서 의자의 의미는 우리가 아는 의자의 개념과 좀 다르다. 걸터앉아 내 몸을 의지하는 사물이라는 점에 착안해 의자를 '의지'라는 의미로 사용했다.
이처럼 원래 단어나 문장에서 남들이 찾지 못한 특징을 찾아 의미 부여를 하는 방법이 바로 '새로운 의미의 호칭 찾기 생각법'이다. 앞서 말했듯 이 생각법은 원래 의미에서 바뀐 의미로 의미전환이 확실하게 돼 원래의 단어나 문장 대신 바뀐 단어나 문장을 넣어도 서술 과정이 전혀 문제가 없다. 원래 가지고 있던 사물의 의미가 사라지고, 새롭게 찾아진 의미로 완전히 대체되었기 때문이다.

이 생각법으로 새로운 의미를 찾아내기 위해서는 연상작용이 필요하다. 게토레이가 갈증해소음료라는 새로운 개념을 찾아낸 것 역시 연상작용을 활용한 경우다.

〈젊은 구글러가 세상에 던지는 열정력〉의 저자 김태원 씨는 '전기 스위치 온/오프'가 'Don't eat/eat'로 표시된 광고를 소개한 바 있다. 금융위기 이후 불황에 시달리는 미국인들의 상황을 대변한 말로, 불을 켜면 전기료를 내기 위해 한 끼를 굶어야 할 만큼 상황이 급박하다는 점을 강조하는 내용이라고 한다.

전기 스위치의 기능은 무엇인가. 전선에 흐르는 전기를 방으로 연결하는 일이다. 연결은 정지된 상태가 아니라 움직임을 수반한다. 움직임은 에너지가 소비된다. 한참을 움직이면 몸의 운동량이 늘어나 지치고, 지치면 쉬어야 하고 밥을 먹어야 한다. 운동을 하면 배가 고파지는 이유다.

이제 전기 스위치가 사람이라고 생각하고 그대로 작동시켜 보자. 코를 만지는 순간 나는 자동적으로 전선의 전기를 끌어들이는 움직임을 시작한다. 그러다 보면 배가 고파진다. 배를 채우기 위해 사람들은 나에게 밥을 줘야 한다. 밥을 사기 위해 돈이 들어갈 것이다.

만약 가난한 주인(미국의 금융위기 속에서 사람들은 갑자기 가난해졌다)이라면 내게 밥을 주느라 굶게 될지도 모른다. 나를 작동(전기 스위치 온)시키면 자신이 밥을 먹을 수 없으니 'Don't eat'가 된다. '온'은 그동안 자기에게 없었던 또 하나의 호칭 'Don't eat'을 갖게 된다. 역시 연상작용으로 새로운 의미를 찾아낸 사례라고 할 수 있다.

이와 같은 생각법을 잘만 활용하면 얼마든지 다른 호칭을 만들어 낼 수도 있다. '스위치 온'을 '잔소리'라는 호칭으로 만들 수도 있고, '스위치 오프'는 '칭찬' '간식'이라는 의미로 담아낼 수도 있다. 스위치를 켜면 돈이 들어가니 엄마의 잔소리가 돌아올 곳이고, 스위치를 끄면 돈이 들어가지 않으니 엄마의 칭찬도 듣고 아낀 전기료로 간식을 먹을 수 있으니 말이다.

빵을 먹을 때 잼을 발라먹기도 한다. 잼은 어떻게 생긴 것인가. 과일로 만든다. 잼에서 과일을 연상할 수 있다. 과일은 어디서 생산되나. 과수원이다. 이런 까닭에 전봉건 시인은 〈과수원과 꿈과 바다이야기〉라는 시에서 빵에 과수원을 얹어 먹는다고 표현하기도 했다.

연상작용으로 잼에서 새로운 호칭을 찾아낸 것이다. 이 연상작용이 바로 '새로운 의미의 호칭 찾기 생각법'의 기초를 이룬다.

더욱이 이 생각법은 사람마다 살아온 환경과 경험이 달라 자신만의 경험이나 환경에서 자신만의 남다른 의미의 호칭을 찾아낼 수 있다는 장점이 있다.

시원(詩源)한 생각놀이터

1. 얼마 전 제주도에 관광차 머물고 있는 미국 젊은이 3명이 TV에 나오는 것을 봤다. 이들은 체류하는 동안 한라산에 자주 올랐는데, 산에 갈 때마다 항상 비닐 봉투를 가져가 사람들이 버리고 간 쓰레기를 담아왔다.

처음 산에 올랐을 때 한라산에 쓰레기가 있는 것을 보고 그 다음부터 아예 자신들이 비닐 봉투를 가져가 쓰레기를 담아오기 시작했던 것이다.

이들이 원래 한국을 찾은 이유는 관광이다. 관광객이라는 단어가 그들이 한국을 찾은 의미다. 하지만 쓰레기를 줍는 순간 그들은 관광객이 아니다. 지구 환경 보호자들이다. 이런 연상으로 관광객에서 지구 환경 보호자들로 새로운 의미의 호칭이 만들어졌다. 생각과 삶의 방식이 달라진 것이다. 이것이 연상을 활용한 의미부여 생각법이다.

그렇다면 지금의 나는 누구인가. 나에게 지금의 이름이 아닌 새로운 의미의 별명을 붙여보자. 별명의 특징을 지금 내 모습에서 연결해 어떤 모습으로 변할지 찾아보자.

----

2. 위와 같은 방법으로 우리 회사 제품에 새로운 의미의 호칭을 만들어보자.

플러스 알파를 넣어 재해석하라

'재해석 생각법'은 ㄱ에서 ㄴ을 '플러스 알파'해 새로운 의미를 찾는 방법이다. 이때의 플러스 알파는 '새로운 의미의 호칭 찾기 생각법'처럼 연상에 의해 돌출되는 게 아니다. 전혀 다른 의미가 덧보태지는 것이다.

'재해석 생각법'은 마치 번짐과 같다. 화선지에 붓으로 먹물을 떨어뜨려 보자. 먹물이 떨어진 자리를 중심으로 둥글게 다른 부분으로 번지게 된다. 번지면서 깨끗했던 화선지를 먹물로 물들인다.

이처럼 '재해석 생각법'이 원래 사물에 있던 의미를 중심으로 다른 사물이 가진 의미까지 자기 영역으로 만든다. 또 원래 사물에 있던 의미를 중심으로 번져 나가니 '새로운 의미의 호칭 찾기 생각법'처럼 기존 의미가 새로 찾아진 의미의 호칭으로 바뀌는 것도 아니다.

'재해석 생각법'은 원래의 기능이나 의미는 존재하면서 또 다른 의미가 플러스되는 것이다.

'재해석하기 생각법'은 과거 아파트 광고에 많이 사용됐었다. 좀 지난 이야기지만 이들 회사에서 행한 광고를 보자.

'햇살을 심다, 바람을 심다, 숲을 심다, 공원을 심다. 아파트는 짓는 것이 아니라 심는 것이다'

'아파트는 하나의 공간을 똑같은 여러 개로 나누는 것이 아니라 서로 다른 자기만의 공간을 더하는 것이다.'

'아파트는 사람들의 생활을 하나의 색으로 맞추는 것이 아니라 자기만의 색으로 채워가는 곳이다.'

'톱스타가 나옵니다, 그녀는 거기에 살지 않습니다. 유럽의 성 그림이 나옵니다. 우리의 주소지는 대한민국입니다. 이해는 합니다. 그래야 시세가 올라가니까. 하지만 생각해 봅니다. 가장 높은 시세를 받아야 하는 건 무엇인지. 저희가 찾은 답은 진심입니다.'

이 광고들은 기존의 아파트 개념을 변화시켰다. 원래 아파트는 짓는 것이다. 하지만 한 건설사는 아파트 건설을 심는 것으로 해석한다. 이런 해석 덕분에 아파트에 햇살도 심을 수 있고, 바람도 심을 수 있다. 더불어 나무도 심고, 냇가도 심고, 숲도 심을 수 있다. 아파트 옆에는 작은 숲인 공원을 심어놓을 수도 있다.

아파트는 지어질 수밖에 없다. 건설이라는 말 자체에 짓는다는 말이 들어 있다. 건설은 '건물, 설비, 시설 따위를 새로 만들어 세운다'는 뜻이다. '만든다'는 단어에 '짓다'는 뜻이 있으니 건설을 포기하지 않는 한 '짓는다'는 개념을 버릴 수는 없다.

그럼에도 아파트는 짓는 것이 아니라 심는 것이란다. 이는 짓는다는 행위를 부정하는 게 아니라 심는다는 의미를 추가한 것이다. 무엇을 심듯이 짓겠다는 의미다. 아파트 건설의 '재해석 생각법'의 결과다.

또 한 건설사는 아파트는 똑같은 공간으로 나누는 것이 아니란다. 아파트는 평수가 있기 때문에 무조건 똑같은 공간이 나와야 한다. 그럼에도 이를 부정하고 '서로 다른 자기만의 공간을 더하는 것'이라는 새 의미를 만들었다. 같은 평수를 만들지 않겠다는 의미가 아니라 사는 사람의 개성이 담길 수 있도록 만들겠다는 의미다. 그러니 평수+개성이라는 의미가 담겨진다. 즉 원래 개념에 개성이라는 자기만의 공간 특성을 플러스해 새로운 의미의 공간이 된다. 그러니 각 가구에 자기만의 색깔을 더하는 아파트가 되는 것이다.

아파트란 그냥 시멘트를 쌓아 올려 짓는 게 아니라 진심을 쌓아올리는 대상으로 인식한 건설사도 있었다. 이처럼 새로운 의미를 부여하니 새집 증후군을 없애기 위해 집을 구울 수 있는 상상을 하게 되고, 사생활 보호를 위해 1.5층이라는 새로운 개념이 만들어졌다. 이 역시 시멘트를 쌓아 올려 짓는 것을 부정하는 게 아니라 진심을 플러스해 새로운 개념의 아파트를 만들겠다는 의지를 강조한 것이다.

네이버가 국내 포털사이트 1위가 된 배경도 포털사이트의 개념을 재해석한 덕분이라고 할 수 있다.

네이버가 검색시스템을 처음 도입할 때만 해도 다음, 라이코스, 야후 등 다른 포털 사이트가 인기를 끌고 있었다. 하지만 이들 사이트에는 검색 기능이 없었다. 특히 우리나라 사람들은 '빨리빨리주의'와 '귀차니즘'이 많다. 그런데 무엇을 찾으려 해도 쉽게 찾을 수 없다면 짜증이 날 것이 뻔했다. 네이버는 이런 검색 조급증을 해결하는 방법으로 지금의 '지식iN'을 만들었다. 이것이 네이버가 단기간에 포털사이트 1위에 올라서게 된 배경이다.

검색 기능을 추가했다고 네이버가 검색사이트가 된 것은 아니다. 포털사이트에 검색이라는 새로운 의미의 기능을 플러스한 것이다. 영락없는 '재해석 생각법'이다.

너무도 유명한 이야기지만 일본의 '합격사과'도 재해석의 좋은 예다. 1991년 어느 가을. 일본 아이모리현에 태풍이 몰려왔다. 이 태풍은 아이모리현 사람들에게 큰 시련을 안겨 줬다. 이 지역 사람들은 사과 농사를 지어 살고 있었는데 수확을 얼마 남기지 않은 상태에서 사과나무에 달려있던 사과가 90퍼센트 가까이 떨어져 버린 것이다.

땅에 떨어져 사과는 더 이상 상품으로서의 가치를 상실해 버렸다. 하룻밤 사이에 거의 모든 사과가 망가져 버렸으니 얼마나 참담했을 것인가. 농민들은 슬픔과 절망에 빠졌다.

이때 한 농민이 아이디어를 냈다. "아직 떨어지지 않은 10%의 사과를 '합격사과'라고 해서 수험생에게 팝시다!" 그래서 '태풍에도 떨어지지 않는 사과' '여러분의 합격을 보장합니다'라는 문구를 만들었다.

이렇게 탄생한 '합격사과'는 보통 사과보다 10배나 비싼 가격임에도 날개 돋친 듯이 팔려나갔다. 통계를 낸 이래 그해에 최고 수익을 올렸다고 한다.

일반 사과에다 '태풍을 견딘 합격사과'라는 의미를 추가해 재해석함으로써 절망을 기쁨으로 만든 것이다.

'재해석 생각법'의 또 다른 예를 보자. 여기 한 젊은 청년이 있다. 이 청년은 대학 졸업 후 어쩌다 보니 자신이 원하는 곳과는 전혀 다른 회사에 들어갔다. 적성에 맞지 않는 일이라 직장생활이 힘겨운 상황에서 부장이 일 못한다고 구박까지 한다. 더욱 회사가 싫어졌다. 이제는 출근길이 지옥행 같다.

이즈음 이 청년에게 큰 '사건'이 생겼다. 얼마 전 입사한 여자직원과 사귀기 시작한 것이다. 청년은 하루라도 못 보면 살 수 없을 정도로 애인을 좋아한다. 그러다 보니 애인에게 더욱 잘 보이려고 남보다 일찍 출근하고, 일도 열심히 한다. 이제 회사에 가는 길이 즐겁기 그지없고, 그러다 보니 일의 능률도 올라 부장의 칭찬도 받았다.

청년에게 회사는 '지옥'에서 '행복한 곳'으로 재해석되었다. 애인이 그곳에 있기 때문이다. 회사에서 하는 일이 바뀌었거나 다른 회사로 옮긴 게 아니다. 원래 있는 자리에 애인이라는 플러스 알파를 넣으니 즐거운 회사, 행복한 회사가 된 것이다. '재해석 생각법'의 힘이다.

물론 여기서 '애인'은 상징적인 단어다. 리더는 직원이 '회사는 행복한 곳이다'라고 인식할만한 플러스 알파를 제공해야 한다. 그래야 회사 분위기가 달라진다. 마찬가지로 직원 스스로도 동기유발 요소를 찾아야 회사에서 쓸모 있는 인재로 변하게 된다.

그러면 '재해석 생각법'은 어떻게 찾아낼 수 있을까. 재해석은 말 그대로 다시 해석을 하는 것이다. 앞에서 '재해석 생각법'은 화선지에 먹물이 번지는 것과 같다고 했다. 여기에 해답이 있다.

화선지라는 같은 공간에서 일어날 수 있는 상황의 단어나 반대 개념(반대 개념도 실은 같은 공간에 있는 단어다)의 단어를 우선 넣어보자. 예를 들면 아파트를 '짓는' 것이 기존 해석이었다면 아파트 건설 현장에서 행해지는 다른 일들에 대한 의미를 보태보는 것이다. 아파트 주변은 나무를 심고 화단을 만든다. 여기서 '심다'라는 재해석할 수 있는 단어가 나온다. '공간을 나눈다'에서 '공간을 붙인다'는 반대 개념을 도출할 수 있고, '시멘트로 쌓는다'에서 '진심을 쌓는다' 같은 다른 해석이 가능해진다.

'머플러'를 제목으로 시를 쓴다고 해보자. 머플러의 원래 기능은 어깨를 감싸 바람을 막는 것이다. 멋으로 두르기도 한다. 그렇다면 머플러는 멋을 내고 바람이나 추위를 막는 물건이다.

그런데 시에서는 머플러가 '상처를 덮는 가리개'가 될 수도 있고 '약점을 보이지 않게 하는 붕대'가 될 수도 있다. 그렇다고 기존 머플러의 기능이 사라진 것은 아니다.

원래의 기능은 전혀 손상되지 않으면서도 그 의미를 플러스해 마치 먹물이 화선지에 번지는 것처럼 머플러의 개념을 넓힐 수 있다.

어떻게 머플러라는 사물에 다른 의미를 붙이는 것일까. 머플러가 쓰이는 공간으로 사고를 넓혀보라. 머플러는 사람이 사용하는 일종의 헝겊이다. 헝겊과 같은 공간(부류)에 있을 수 있는 사물의 이름을 나열해 보자. 헝겊으로 만들 수 있는 것은? 옷, 붕대, 망토, 가리개 등이다.

또 머플러는 사람을 위한 것이니 사람의 몸이라는 공간에 들어갈 수 있는 것들을 생각해 보자. 마음, 상처, 희로애락, 정상적인 몸, 불구의 몸 등 많을 것이다. 이런 방법으로 원래 개념에 다른 의미를 덧보탤 수 있는 것이다.

내 책상 앞에는 지금 필통이 놓여 있다. 필통은 필기구를 담는 통이다. '담는다'는 기능과 같은 공간에 있는 단어 생각해보자. 그러면 필기구만 담을 수 있는 게 아니라 사랑도 담고, 우리의 생각도 담고, 기억도 담을 수 있지 않을까. 그러면 필통은 사랑도 담고, 기억과 우리의 생각도 담는 통이 될 수 있다.

시원(詩源)한 생각놀이터

1. 재해석은 기존의 이름에 다른 이름을 붙이는 것이다. 그렇다면 내 이름에 어떤 다른 이름을 붙일 수 있을까? 예를 들어 나 홍길동은 친구들이 많다. 주변에 사람이 많은 것이다. 그러면 내가 사람이 많이 모일 때 필요한 일을 하면 어떨까? 생각해본다. 그것이 무엇일까? 서로에게 필요한 일을 연결해주고, 사람을 연결해 줄 수 있을 것이다. 이런 사람에게 브릿지 매니저라는 이름을 붙일 수 있지 않을까. 이제 원래 하던 일에 브릿지 매니저 일이 추가된다.

이런 방식으로 내 이름에 다름 이름을 붙여보자. 어떻게 되는가.

----

2. 이번에는 우리 회사 차례다. 우리 회사는 어떤 회사인가? 주 업이 무엇인가를 적는다. 그 다음 그로 인해 부수적으로 얻어진 강점이 무엇인지를 찾는다. 그러고 나서 그 강점을 원래 업종에 추가한다.

예를 들어 신발회사라면 신발을 만드는 목적을 찾는다. 발을 보호하기 위해서라면 '보호'가 이 회사의 강점이다. 사람들을 보호하는 게 뭘까? 호신용품이 있지 않을까? 그러면 신발에다 호신용품을 추가해 호신용품이 달린 신발을 만들 수도 있을 것이다. 그러면 신발회사가 호신용품 회사로도 재해석된다.

입장을 바꿔 치환하라

'내게 그런 핑계대지마 입장 바꿔 생각을 해봐/네가 지금 나라면 넌 웃을 수 있니'.

가수 김건모가 오래전에 부른 〈핑계〉라는 노래의 일부다. 핑계대지 말고 입장을 좀 바꿔서 생각해 보라는 이 가사가 통찰에 이르는 '치환하기 생각법'이다.

'새로운 의미의 호칭 찾기 생각법'과 '재해석 생각법'이 원래의 사물을 바탕으로 다른 의미를 찾아내는 것이라면, '치환하기 생각법'은 원래 사물이 아닌 다른 사물의 관점에서 생각을 전개해 새로운 특징을 찾아내는 것이다. 즉 앞의 두 생각법이 ㄱ에서 ㄴ의 확산 의미를 찾는 것이라면 '치환하기 생각법'은 ㄴ에서 ㄱ의 새로운 의미를 새로 찾아내는 방법이다.

'치환하기 생각법'의 대표적인 예가 있다. 오래 전이지만 차를 타고

가다 라디오에서 나오는 광고를 들었던 기억이 난다. "너, 우리 앞을 생각하고 있는 거야? 앞으로 어떻게 하겠다 목표도 세우고, 계획도 짜고, 같이 상의도 해야 하는 거 아냐?" 목소리 예쁜 여자가 누구에게 쏘아붙인다.

어떤 여자가 무슨 일로 이 여자를 이렇게 화나게 만들었을까, 하는 생각이 든다. 그런데 알고 보니 여자의 항의 상대는 사람이 아니었다. 곧 남자가 '미래에셋 어카운트로 바꾸세요'라고 말한다.

사람들이 이 광고에 흥미를 갖게 되는 이유는 사람과 증권사를 치환했기 때문이다. 증권사에서 다루는 상품의 장점을 홍보하면서 상품을 직접 말하는 게 아니라 여성이 남성에게 이야기하는 듯 표현한다. 일반적인 증권사 광고였다면 나와는 상관없다며 듣지도 않았을 사람도 증권사를 사람으로 치환해서 사람 얘기로 홍보를 하자 자신의 얘기인 양 듣게 된다. 그만큼 효과가 큰 것이다.

그렇다면 어떻게 사람과 증권사 상품을 치환할 수 있었을까. 공통점 때문이다. 증권사도 사람처럼 미래를 위해 목표도 세우고, 계획도 짜고, 다른 사람과 상의도 하는 존재라고 생각한 것이다. 이 때문에 자연스럽게 결혼을 준비하거나, 결혼 생활을 막 시작하는 남자와 자리를 바꿀 수 있었다. 남자와 증권사 상품의 연결고리는 바로 공통점이다. 이것이 '치환하기 생각법'이다.

수업 시간에 '치환하기 생각법'을 활용해 시를 쓰라고 학생들에게 주문했다. 그랬더니 한 학생이 이런 시를 썼다.

오늘도 난
비밀을 알게 되었다

알고 싶지도
알아내려고 하지도 않았다

그들이 내 품에 기대기만 하면
저절로 밝혀지는 일급비밀들

어제 저녁엔
경영학과 여학생이
오늘 아침엔 국문학과 여학생이
나에게 슬며시 떨어뜨리고 갔다

누구에게도 가르쳐 주지 않던
그들의 몸무게
취업을 위해 짓눌린
생각의 무게, 눈물의 무게를
      —이나영(국문과 4학년), 〈의자〉

4학년 학생이라면 누구나 취업이 걱정일 것이다. 이런 상황을 모르는 사람은 거의 없다. 이 시는 그런 복잡한 심정을 잘 표현하고 있다. 만약 자신의 입장에서 취업을 걱정하는 모습을 시로 서술했다면 감정 울림이 크게 없었을 것이다.

하지만 의자의 입장에서 졸업반 학생들의 취업 고민을 바라보고 서술했기 때문에 의자마저도 취업 걱정을 해주는 대상으로 변한다. 그만큼 울림이 커지는 것이다. 앞의 시는 시로서의 완성도는 떨어지지만 그 생각법은 훌륭하다. 생각이 되면 표현기술은 금방 좋아질 수 있다.

이런 생각법을 생활 속으로 연장해보자. 의자에 앉으면 몸무게가 나타나는 체중계 의자를 만들어 다이어트용품으로 활용할 수도 있을 것이다.

과학적 방법을 동원해서 생각의 무게를, 눈물의 무게를 달 수 있는 의자를 만들어 볼 수도 있을 것이다.

'치환하기 생각법'은 이처럼 여러 가지 아이디어를 추출해 낼 수 있다. 특히 기존 사물에 대한 고정관념을 깨뜨리는데 매우 좋은 생각법이다.

의자가 앉는 기구라는 고정관념을 깨고 몸무게를 재기도 하고, 체중계는 몸무게를 재는 기구라는 고정관념에서 벗어나 생각의 무게를 재고, 삶의 고민도를 측정하는 기구가 될 수도 있으니 말이다.

이런 상상을 해보자. 나를 사랑하는 여자가 있다. 어느 날 밤. 내가 잠든 사이에 이 여자가 나를 찾아왔다. 그러나 문을 두드리지 못하고 밖에서만 서성인다. 그러다가 용기를 내어 내 방의 창문을 살짝 노크한다. 그러면서도 혹여 내가 깨 창문을 열어볼까 걱정한다. 사랑의 깊이를 들킬까 두려운 것이다.

이 여자는 간혹 나와 술을 마시기도 한다. 그런데 그때마다 부끄러워 말도 잘 못하고 고개를 숙인 채 손으로 술잔만 비비곤 한다. 그럴 때마다 술잔에 여자의 지문이 찍힌다. 나는 속으로 생각한다. '아, 저 여자의 지문이 반짝이는구나.'

누군가를 짝사랑한다면 충분히 가능한 장면이다. 그런데 이 여자가 사람이 아니고 사물이라면 어떨까. 빗소리라면 어떨까. 우리가 알고 있는 빗소리의 개념이 완전히 달라진다. 시인은 스스로 자신을 사랑하는 여자가 되어, 여자의 입장에서 생각하고 적어 나가 기존의 빗소리와는 전혀 다른 의미를 생성해낼 수 있다.

'내가 잠든 사이 울면서'로 시작되는 박형준 시인의 〈빗소리〉라는 시의 내용이다. '치환하기 생각법'은 이처럼 전혀 다르고 새로운 생각을 할 수 있다.

시원(詩源)한 생각놀이터

1. 치환은 기능을 바꾸는 것이다. 컴퓨터가 TV가 되고, 의자가 체중계가 되듯, 원래 기능이 다른 것으로 변화하게 된다. 컴퓨터와 TV의 공통점은? '본다'는 점. 의자와 체중계는? '체중이 실린다'는 점이 공통점이다. 이처럼 공통점을 찾아 원래 기능과 바꿔주면 된다.

이번에는 회사 동료나 친구가 주로 어떤 역할을 하는지 특징을 찾아보자. 그 특징과 공통점이 있는 단어를 연상해보자. 그 후 찾은 단어와 동료나 친구의 역할을 바꿔본다. 동료나 친구가 생각하지 못했던 새로운 일이 발견될 수도 있다.

----

2. 우리 회사 제품은 고객에게 무엇을 위해 만들어지는가. 한 단어로 생각해보자. 그 단어와 연결될 수 있는 새로운 단어를 찾아보자. 새롭게 찾은 단어와 원래 제품의 목적을 바꿔보자. 회사 제품이 다른 의미나 기능으로 쓰일 수 있는 아이디어를 만날 수 있다.

생각법 3 '단순화'

수많은 생각을 제거하고 통합하라

'단순화 생각법'에는 '제거 단순화'와 '통합 단순화' 두 가지로 나뉜다. 말 그대로 '제거 단순화'는 기존에 있던 복잡함을 제거해 단순화를 이루는 방법이고, '통합 단순화'는 둘을 하나로 합쳐 간단하게 만드는 방법이다.

'제거 단순화'의 대표적인 사례가 이건희 회장의 반도체 생산 방식이다. 삼성전자의 반도체사업이 첫 갈림길에 섰던 1987년. 당시 과제는 4메가 D램 개발이었다.

삼성의 고민은 트랜지스터의 집적도를 높이기 위해 '어떤 방식으로 만들 것인가'였다. 방식은 두 가지였다. 회로를 고층으로 쌓는 방식과 회로를 파고 들어가는 방식이었다. 쌓는 것은 스택방식이라 하고, 파고 들어가는 것은 트렌치 방식이라고 한다.

당시 이건희 회장은 전문가들의 의견을 두루 듣고 주저 없이 스택 방식을 택했다. 그는 자서전에서 "나는 복잡한 문제일수록 단순화하려고 한다. 두 기술을 단순화해보니 스택은 쌓는 것이고, 트렌치는 지하로 파고 들어가는 것인데 위로 쌓는 것이 더 쉽다고 판단했다"고 말했다.

이후 삼성은 확실한 성공을 거둔다. 당시 세계 D램 시장 1위였던 일본 도시바는 트렌치 방식을 택함으로써 수년 후 선두자리를 삼성전자에 빼앗겼다.

이건희 회장이 복잡한 고민 앞에서 생각을 단순화했다. 파고 들어가는 것보다 쌓는 것이 더 쉽다. 명쾌한 사고방식 아닌가.

복잡한 생각은 그리 좋은 게 아닌 듯싶다. 생각이 많아지고 복잡해지면 몸에 병도 생긴다.

생각을 의미하는 한자어 사(思)를 봐도 그렇다. 사는 '마음 심(心)'이 '밭 전(田)'을 머리에 이고 있는 형상이다. '생각'이란 먹고 살기 힘들었던 시절, 어떻게 하면 밭을 잘 갈아 가족을 먹여 살릴까하는 걱정과 고민의 상징이었다. 다시 말해 마음의 혼란을 나타내는 단어였다는 것이다.

그래서 한의학에서도 생각을 병이 생기는 원인 중의 하나로 보고 있다. 한의학에서는 병이 생기는 이유를 칠정(七情)으로 본다. 기쁨,

화, 걱정, 생각, 슬픔, 두려움, 놀람이 그것이다. 근심과 생각이 많으면 위장과 비장이 나빠진다고 한다.

생각이 많아지면 생각에 수많은 가지가 매달려 본질을 볼 수 없게 만든다. 생각의 가지를 제거하고 단순화하면 본질이 보이게 된다. 이러한 '단순화 생각법'은 '제거의 단순함'에서 비롯된다.

청바지 회사로 유명한 게스의 성공도 '단순화 생각법'에 기초를 둔 경우다. 게스는 처음에 사이즈를 한정시켜 24인치 미만의 여성 청바지만 생산했다. 이 24인치가 여성에게 제일 원하는 아름다운 허리 사이즈라고 한다.

게스는 '여러 사이즈를 만들어야 한다'는 기존의 복잡함을 단순화시켜 다른 사이즈의 청바지를 제거한 것이다. 그 결과 여성들 사이에서 게스는 여성의 아름다움을 상징하는 청바지로 부각됐다. 여성들은 무조건 게스를 입어야 아름다워진다고 생각하게 된 것이다.

만약 추억거리가 있는 장소를 갔는데 그곳에 있던 건물이 사라졌다면 어떤 기분일까. 허전함을 느끼지 않을까. 조용미 시인이 이런 경험을 한 모양이다. 그는 〈자리〉라는 시 첫머리에 '무엇이 있다 사라진 자리는 적막이 가득하다'고 표현했다. 그런데 뒷부분에는 '적막이 아니라 고요가 바글거리게 몰려 있었다'고 말한다.

적막하고 고요가 무슨 차이가 있나. 적막은 고요에다 쓸쓸함이 보태진 단어다. 그래서 시인은 적막한 자리에서 쓸쓸함을 제거하기 위해 고요라는 단어를 끌어들여 '무엇이 있다 사라진 자리는 바라볼 수 없는 고요로 바글거린다'라고 표현했다. 무엇이 있다 사라진 자리는 결코 쓸쓸함이 포함된 적막의 세상이 아니라는 것이다. 적막이 담고 있는 의미의 이중성에서 하나의 의미를 제거하고 단순화해 나머지 의미를 부각한 것이다. '제거의 단순화'가 돋보이는 시라고 할 수 있다.

'단순화 생각법'은 제거만이 전부가 아니다. 통합으로 단순화를 이끌어내는 방법도 있다. '통합 단순화'다.

'통합 단순화'란 여러 생각을 합쳐 하나의 생각으로 만들어 버리는 것이다. 우리는 컴퓨터를 사용할 때 바이러스 침입을 막기 위해 바이러스 백신을 깐다. 그런데 침입한 바이러스를 제거하기 위해 계속 바이러스 백신 장치를 가동시켜야 한다면 이처럼 불편함이 없을 것이다. 이때 컴퓨터 속에 바이러스 백신이 내장돼 모든 바이러스를 스스로 알아서 처리하도록 만들면 굳이 사람이 수동으로 하지 않아도 된다. 이것이 '통합의 단순함'이다. 컴퓨터와 그에 필요한 바이러스 백신이라는 별개의 항목을 합쳐 하나의 컴퓨터로 만든 것이다.

애플의 오디오 프로그램 아이튠즈(iTunes)가 고객이 불편해 하는 작업을 단순화한 경우다. 아이튠즈는 사용자가 여러 단계를 거쳐야 하는 MP3 음악파일의 구입을 클릭 한 번으로 가능하게 만든 것이니 대표적인 '통합 단순화' 예라고 할 수 있다.

어느 늦가을 날 버스 정류장에서 할머니들의 대화를 듣는다. 한 할머니가 다른 할머니에게 '꼭 신설동에서 청량리 온 것만 하지?'라고 묻는다. 그러자 다른 할머니가 '그러네'라고 답한다. 두 할머니가 함께 갔다 온 곳이 그리 멀지 않았던 모양이다. 실제 신설동에서 청량리까지는 버스를 타면 오래 걸려야 25분 정도다.

마침 두 할머니의 대화를 시인이 들었다고 하자. 시인은 어떻게 표현할까? 유자효 시인은 〈인생〉이라는 시에서 이렇게 표현한다. 먼저 '늦가을 청량리/ 할머니 둘/ 버스를 기다리며 속삭인다'라고 대화의 배경을 쓴다. 그리고는 실제 할머니들의 대화를 삽입한다. "꼭 신설동에서 청량리 온 것만 하지?" 이게 시의 전부다. 대화의 배경과 말이 전부인 이 짧은 시가 '인생'이라는 제목을 만나면 우리에게 주는 느낌이 달라진다.

신달자 시인은 이 시를 읽고 "철렁 가슴이 내려앉는다. 울컥 눈물도 날 것 같다. 정신이 번쩍 든다고 말해야 할까. 모르는 일이 아니지, 알고는 있었다. 다들 그렇게 꼭 신설동에서 청량리 온 것만한 인생을 살고, 아버지도 어머니도 앞서 가셨는데도, 그런데도 짐짓 모른 척했던 그만큼의 인생을 처음보듯 여기서 본다"고 말했다.

'할머니의 삶'과 '신설동—청량리'의 거리를 한 편의 시 속에 합쳐 놓으니 '인생'이라는 단어의 의미가 새롭게 정의됐다. 그동안 우리는 인생을 복잡하고 어렵게 정의해왔다. 이 시는 인생의 의미를 얼마나 단순하고도 쉽게 표현했나. 그러면서도 깊은 의미를 담는다. 이것이 '통합의 단순화'이다.

'제거의 단순화'든 '통합의 단순화'든 무엇인가를 단순하게 만든다는 것은 곧 문제의 본질을 찾는데 매우 유용하다. 지금 머릿속을 휘젓고 다니는 수많은 생각을 제거하고 통합해 본질 앞에 일렬로 세워라. 기존 사물에서 새로운 의미가 부여될 것이다. 그것이 아이디어이고 발견이다.

시원(詩源)한 생각놀이터

혁신은 어떻게 하는 것일까? 혁신은 한자로 革新이라고 쓴다. 가죽 혁자와 새신자다. 그런데 가죽을 의미하는 단어가 또 있다. 피(皮)다. 피와 혁은 가죽을 의미하지만 실상 다른 가죽이다. 피는 원래 그대로의 동물 가죽이다. 혁은 사람이 쓸 수 있도록 원래 가죽에 있는 독을 제거하고 가죽 자체를 부드럽게 무두질을 한 것이다. 여기서 매우 중요한 사실을 알 수 있다. 혁신을 하려면 먼저 무두질을 하듯 독을 빼는 작업을 해야 한다는 것이다. 혁신을 한다면서 기존 조직의 문제점을 빼내지 않고 사람이나 조직을 추가하거나 바꾸려고만 한다면 결코 혁신에 성공할 수 없다.

지금 존재하고 있는 모습에서 독소조항이나, 추진하고자 하는데 방해가 되는 생각들을 제거하는 것이 바로 조직을 혁신하는 첫 작업이다. 제거한다는 측면에서 이는 시에서의 단순화 방법과 같다. 시에서의 단순화도 단어의 의미에서 하나를 빼거나 두 개의 의미를 하나로 통합해 이뤄지기 때문이다.

1. '나에게서 지금 빼내야 할 것은 무엇인가' 생각해 5개만 적어보자.

_____
_____
_____
_____
_____
_____
_____

2. 우리 가족의 생활 중 제거해야 할 것은 무엇인가.

_____
_____
_____
_____
_____
_____
_____
_____

3. 우리 회사 혹은 우리 부서에서 제거하고 단순화해야 할 것은 무엇인가.

---

4. 우리 회사에서 통합해 단순화해야 할 것은 무엇인가.

기억해 두어야 할 '생각정리'

우리는 늘 새로움을 보고 싶어한다. 하지만 새로움을 보는 것만 중요한 게 아니다. 새롭게 보는 것이 더욱 중요하다. 어떻게 기존 사물을 새롭게 볼 수 있을까. 세상에 존재하는 사물을 새롭게 보고 발견으로 나아갈 수 있는 3가지 생각법.

1. 의인화-모든 사물을 사람으로 만들어 생각하라.

모든 사물을 의인화해 사람의 생각을 넣으면 그동안 몰랐던 사물의 의미가 새롭게 보일뿐 아니라 새로운 제품을 만들 수 있는 기초 자료가 된다.

만약 주전자가 대상이라면, 주전자를 우선 사람으로 만든다. 사람처럼 생각하고, 사람처럼 행동하게 한다. 그러면 지금의 모양과 다르게 만들어 낼 수도 있다. 왜 주전자는 항상 같은 모양이어야 하나. 주전자에 팔, 다리를 만들어 줄 수 있지 않을까? 팔과 다리에 필요한 기능을 넣으면 멋지지 않을까? 또 뜨거울 때는 주전자 색깔이 빨갛게 되고, 차가울 때는 파란색일 수는 없을까?

2. 의미부여

의인화한 사물에 새로운 가치나 의미를 붙여줘라. 세상 모든 존재는 이미 존재 의미를 가지고 있다. 이미 존재하고 있는 의미에 또 다른 새로운 의미를 부여하는 것이 통찰이다.

의미부여에는 3가지 생각법이 있다. '새로운 의미의 호칭 찾기', '재해석', '치환'이 그것이다.

*새로운 의미의 호칭을 찾아라.

-포카리스웨트는 이온음료다. 처음에 이온음료로 만들어진 게토레이는 이름을 바꾸기로 했다. 이는 기존의 카테고리와는 개념을 달리하겠다는 뜻이다. 개념이 달라지니 이온이라는 성분이 중요한 게 아니라 '언제 먹는 물이냐' 하

는 개념이 중요해졌다. 이에 따라 '갈증해소음료'라는 새로운 의미의 호칭이 탄생되었다. 이온음료가 언제든지 마실 수 있는 '평소 음료'라면, 갈증해소음료는 운동 후 먹는 '운동 음료'로 새롭게 자리매김된 것이다.

*플러스 알파를 넣어 재해석하라
원래의 기능이나 의미는 존재하게 하면서 또 다른 의미를 플러스하라.
네이버가 검색시스템을 처음 도입할 때만 해도 경쟁 사이트에는 검색 기능이 없었다. 우리나라 사람들은 '빨리빨리주의'가 많다. 네이버는 이런 검색 조급증을 해결하는 방법으로 지금의 '지식iN'을 만들었다. 검색 기능을 추가했다고 검색사이트가 된 것은 아니다. 포털사이트에 검색이라는 새로운 의미의 기능을 플러스한 것이다.

*입장을 바꿔 치환하라
'치환하기'는 원래 사물이 아닌 다른 사물의 입장에서 생각을 전개해 새로운 특징을 찾아내는 것이다. ㄱ과 ㄴ이 있다면 기존 생각법은 ㄱ에서 ㄴ으로 나아가지만 치환하기는 ㄱ을 ㄴ으로 바꾸는 방법이다. 우선 ㄱ의 특징을 찾아서 그 특징과 공통점이 있는 단어 ㄴ을 연상한다. 연상으로 얻어진 단어 ㄴ과 원래의 단어 ㄱ를 바꾼다. 이 방법은 여러 가지 아이디어를 추출해 낼 수 있다. 특히 기존 사물에 대한 고정관념을 깨뜨리는데 매우 좋다.
의자가 앉는 기구라는 고정관념을 깨고 몸무게를 재기도 하고, 체중계는 몸무게를 재는 기구라는 고정관념에서 벗어나 생각의 무게를 재고, 삶의 고민도를 측정하는 기구가 될 수도 있다.

3. 단순화-수많은 생각을 제거하고 통합하라
'단순화 생각법'에는 '제거 단순화'와 '통합 단순화' 두 가지로 나뉜다. 말 그대로 '제거 단순화'는 기존에 있던 복잡함을 제거해 단순화를 이루는 방법이고, '통합 단순화' 둘을 하나로 합쳐 간단하게 만드는 방법이다.

창조의 비밀이 담겨 있는 상상법

3장

동짓달 기나긴 밤 한 허리를 베어내어

춘풍 이불 아래 서리서리 넣었다가

어른 님 오시는 날 밤이어든 구비구비 펴리라

조선시대 최고의 시인으로 칭송되는 황진이의 시조 〈동짓달 기나긴 밤〉이다. 이 시조를 보면 무척 재미있는 상황이 벌어진다.

겨울인 동짓달의 시간을 잘라다가 봄밤에 붙인단다. 더욱이 사랑하는 님이 오시면 짧은 봄밤에 겨울의 긴 밤을 붙여 봄밤을 길게 만들겠단다. 현실에서는 결코 일어날 수 없는 참으로 황당하고 가당치 않은 이야기다.

그럼에도 이 시조는 황진의 시조 중 가장 우수한 작품 중 하나로 꼽힌다. 왜 그럴까. 상상이 기막히게 때문이다. 시간을 잘라내고, 그것도 모자라 다른 계절에 잘라낸 시간을 붙이기까지 한다. 이 얼마나 대단한 상상인가.

시인은 어떻게 이런 상상을 했을까. 긴 겨울밤과 짧은 봄밤이 접목했기 때문에 이러한 상상이 가능했다. 시인은 긴 겨울밤과 짧은 봄밤을 포개놓고 키를 잰다. 겨울밤이 봄밤보다 기니 둘의 키재기를 하면 겨울 밤의 비어져 나올 것이다. 비어져 나온 겨울밤의 길이만큼 잘라다가(시인은 이것을 '허리를 베다가'라고 시적 표현을 했다) 봄밤에 붙인다. 그랬더니 봄밤이 길어졌다.

　시인은 봄밤의 길이를 늘여 놓는 엄청난 일을 해냈다. 세상에 없는 것을 만들었으니 이는 창조다. 자신이 창조한 시간을 사랑하는 님이 오거든 쫙 펼쳐놓겠단다.

　이처럼 현실에서는 만날 수 없는 존재를 서로 만나게 할 때 시에서는 '상상'이 일어났다고 한다. 그러니까 상상은 갑자기, 지나는 바람처럼 퍼뜩 떠오르는 게 아니다. 일부러 의도적으로 만나지 못할 대상을 만나게 하는 과정에서 나타난다. 그러니 상상은 '접목을 위한 의도적인 사고'가 된다.

　그렇다. 시에서의 상상은 이처럼 접목을 위한 의도성을 가지고 있다. 시인을 일컬어 '상상의 천재'라고 하는 것도 시를 쓰면서 수많은 단어와 단어의 접목을 의도적으로 실행하기 때문이다. 그러니 시인들이 사물과 사물을 어떤 방식으로 접목하는지를 알면 시인의 상상법을 배우게 되는 셈이다. 이 상상법이 여러분을 지금까지와는 다른 사람으로 만들어 줄 것이다.

상상을 키우는 접목의 공식

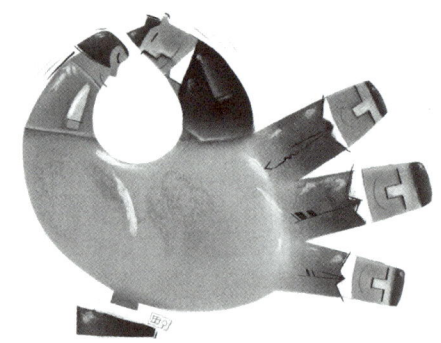

커피 종류는 많다. 아메리카노, 카푸치노, 카페라떼, 카페모카, 마키아또, 에스프레소 콘 파나, 에스프레소 아포가또…….

이렇게 많은 커피 종류에 한 가지 공통점이 있다. 무엇일까. 바로 '에스프레소'다. 삼성경제연구소 세리CEO '休·知·通'에 따르면 에스프레소는 원래 사람들에게 인기가 가장 없는 커피였다고 한다. 맛이 쓰고 양이 적으니 그럴 만도 했겠다. 이런 천덕꾸러기 에스프레소에 엄청난 변화가 일어났다.

'에스프레소+뜨거운 물=아메리카노' '에스포레소+우유거품+계피가루=카푸치노' '에스프레소+스팀밀크=카페라떼' '에스프레소+스팀밀크+초코시럽=카페모카' '에스프레소+스팀밀크+우유거품=마키아또' '에스프레소+휘핑크림=에스프레소 콘 파나' '에스프레소=아이스

크림=에스프레소 아포가또'.

+가 있었기에 에스프레소가 이처럼 다양하게 변신할 수 있었던 것이다. +를 보통 '접목'이라고 한다.

접목은 '다른 종류의 것이 녹아서 서로 구별이 없게 하나로 합하여진다'는 사전적 의미의 '융합'이라는 단어로 사용하기도 하고, '학문의 경계를 뛰어넘는 지식의 대통합'이라 의미의 '통섭'이라고 불리기도 한다. 융합이든 통섭이든 기본은 접목이다.

에스프레소와 비슷한 것으로 감초가 있다. 감초가 대부분 한약에 들어갈 수 있는 이유는 맛은 달고 성질은 평하며 독성 물질의 해독에 좋고, 허약한 비위기능을 도우며 정신을 안정시키는 효능 때문이라고 한다.

감초와 에스프레소, 이 둘의 같은 점은 플러스하는 데 빠지지 않고 들어간다는 점이다. 에스프레소는 다른 물질과 접목돼 제3의 커피를 만들었다. 감초는 쓰디쓰고 독성이 있는 원래의 한약 성질과 접목돼 부드러운 성분의 한약을 만들어냈다.

다른 점도 있다. 같은 접목이지만, 에스프레소는 자신이 중심이 돼 다른 물질을 끌어들인 반면 감초는 한약이라는 중심 속으로 자신을 섞는다.

이와 같이 자신이 중심이 돼 다른 물질을 의도적으로 끌어들이면서 일어나는 접목을 '에스프레소형'이라고 한다면, 남의 중심 속으로 내가 들어가는 접목을 '감초형'이라고 한다.

에스프레소형은 스스로가 중심이 되어 뜨거운 물, 우유거품, 계피 가루, 스팀밀크, 초코시럽 등 다른 물질을 끌어들여 자신을 완전히 변화시킨다. 아예 이름마저 바뀔 만큼 적극적인 변화가 이뤄지는 접목 형태다. 이에 반해 감초형은 남을 도와주는 보조 혹은 부속품 역할만 하는 접목 형태로 자신을 희생해 다른 사물을 변화시킨다.

다시 말해 에스프레소형은 내가 주인이 되어 여러 손님을 초대하는 방식이다. 손님들의 여러 가지 특징을 내가 받아들이는 것이다. 여러 사람의 특징을 내가 마음대로 받아들이니 나는 얼마든지 변할 수 있다. 따라서 에스프레소형을 일명 '초대 수요형'이라고 할 수 있다.
반면 감초형 상상법은 내가 남의 집을 방문하는 것으로 보면 된다. 남의 집을 방문해 그 집 주인에게 내 장점을 넣어주는 일을 하는 것이다. 그러니 주인이 변화의 대상이지 내가 변화의 대상이 아니다. 그래서 이를 '방문 공급형'이라고도 할 수 있다.

이렇게 '에스프레소형'이니 '감초형'이니 하며 상상법을 나누는 이유는 시 창작법 중 자아와 세계의 일체화 방식 때문이다. 일체화하는 과정에서 자아가 시의 소재를 끌어들여 하나로 접목하는 '세계의 자아화'와 자아가 시의 소재인 세계 속으로 들어가 접목되는 '자아의 세계화' 두 가지 형태가 있다.

에스프레소형:세계의 자아화/초대수요형/주로 하드웨어 변화를 이룸

감초형:자아의 세계화/방문공급형/주로 소프트웨어 변화 이룸

전화기를 예로 들어보자. 에스프레소형일 때는 내가 전화기가 되어 다른 사물의 특징을 끌어들임으로써 전화기가 다른 형태의 기기로 바뀐다. 한편 감초형일 때는 내가 전화기에 들어가 전화기의 기능이나 성능을 변화시켜 전화기의 형태에는 변화가 없다.

이처럼 에스프레소형 상상법과 감초형 상상법을 나눠야할 이유는 결과가 달라지기 때문이다. 따라서 어떤 결과를 원하는가에 따라 접목의 상상법을 달리해야 하는 것이다.

내가 휘파람을 배운 건 일곱 살 때다

여름이었나

맑은 음이었다

나는 휘파람으로 이 세상을 유혹하고 싶었다

역시 일곱 살인 내 사랑……천변 건너 그 여식애의 집

……그 주변 다리 밑 동천강

동천강의 피라미떼

내 맑은 음이 닿는 세상은 둥글고 따뜻했다

언제부턴가 나는

논리를 익히고 기하학을 배우면서

내 사랑에게 말을 하기 시작했다

난 휘파람을 잃었고

우린 심심찮게 말다툼을 했고

그때부터 세상은 내 삼각자 밑에 놓은 도면이었다

그때부터 난

염증을 앓기 시작했다.

—이윤택, 〈맑은 음에 대한 기억〉

시를 쓴 사람은 극작가이며 연출가이자 시인인 이윤택 씨다. 방송통신대 초등교육과 졸업장만 갖고도 동국대학교 연극영화과 부교수로 임용되기도 했던 입지전적인 인물이다.

이 시에 나오는 나의 모습은 어떤가. '나'는 일곱 살 때 휘파람을 불게 된 맑음의 대명사다. 내 몸에서는 맑은 음의 휘파람이 나오고, 그 휘파람으로 궁글고 따뜻한 세상을 만들 수 있었다. 순수하고 깨끗하고 아름다운 모습이다.

그런데 나이가 들면서 상황이 달라진다. '나'에게 '말'이 들어와 접목한 것이다. 말이 들어올 수 있었던 이유는 논리와 기하학 덕분이다. 그러면서 내 몸은 맑음의 대명사에서 염증을 앓는 병자의 모습으로 변한다. 원래 모습에서 완전히 달라진 것이다.

나에게 들어와 접목됐다는 점에서 이 시는 전형적인 '에스프레소형 상상법' 접목 형태를 띤다. 말이 나에게 저절로 들어온 게 아니다. 논리와 기하학을 배웠기 때문이다.

생각해보라. 논리와 기하학을 배웠다고 말을 하게 되는가. 시인이 '나와 말'을 접목하기 위해 일부러, 의도적으로 그 이유를 붙인 것이다. 이러한 이유를 찾는 것이 상상이다.

이 시의 결과를 보자. 내 모습이 확연히 달라졌다. 등식으로 표현하면 '맑음의 대명사였던) 나+말=염증을 앓는 병자'다. 맑음의 대명사에서 염증을 앓는 병자로 변한 것은 외형의 변화다. 이처럼 '에스프레소형 상상법'은 외형의 변화, 즉 하드웨어의 변화를 추구할 때 주로 쓰인다.

시를 예로 들어 이야기하니까 접목법이 상당히 어려워 보일 수도 있겠다. 그럼 술로 이야기해보자. 폭탄주는 '맥주+양주'로 만들어진다. 폭탄주는 맥주 중심이다. 맥주에다 양주를 넣으면 폭탄주가 된다. 이를 활용해 맥주와 양주가 섞이지 않게 한 금태주(금태 두른 술)도 만든다. 맥주+소주=소폭이 되고, 두 술이 섞이지 않게 하면 은태주(은태 두른 술)로 변형이 가능해진다.

그밖에도 회오리주(맥주+양주에다 술잔을 돌려 회오리가 일어나도록 함), 다이아몬드주(맥주+양주+얼음), 수소폭탄주(소주+맥주+양주), 티코주(양주잔에 맥주를 넣은 후 양주를 한 두 방울만 넣음) 등 이름만도 헤아릴 수 없이 많다.

이처럼 폭탄주의 중심에는 맥주가 있다. 맥주에다 소주나 양주 등을 섞는 것이다. 즉 맥주가 에스프레소처럼 이 술, 저 술을 받아들여 제3의 이름을 가진 다른 술로 변하는 접목이다. 그래서 폭탄주는 전형적인 '에스프레소형 접목'이다.

폭탄주는 처음 어떻게 만들어졌을까. 맥주와 양주가 저절로 섞였을까. 누군가가 일부러 섞지 않았으면 불가능하다. 일부러 섞는 행위가 바로 상상의 결과다. 그러니 폭탄주는 '에스프레소형 상상법'의 대표적인 예다.

벽에 나를 붙인다
떨어지지 않게 조심 조심

우툴두툴은 배경이
불안하다

남들과 같이
평평한 곳이면 좋겠는데
하필
이런 곳에 붙다니
그나마 떨어지면

바삭바삭

깨져버릴까 봐

숨도 못 쉬고

붙어 있다

　　　-심미균, 〈민무늬타일〉

　이 시는 내가 민무늬 타일이 되어 벽에 붙는 모습으로 시작된다. 시 속의 주인공은 '우툴두툴한 배경이/불안'함에도 꼼짝도 못하고 있다. 왜 그럴까. 불안하면 그냥 나오면 되지 뭘 그렇게 고민하고 있나 싶기도 하다. 그러나 이 시에서는 절대 그럴 수가 없다. 이유는 내가 민무늬 타일 속으로 들어갔기 때문이다. 이런 접목의 경우, 내가 민무늬 타일이 되어야 하니 내 마음대로 움직일 수가 없다. 그래서 '떨어지면/깨져버릴까 봐/숨도 못 쉬고/붙어 있'는 것이다.

　나와 민무늬 타일이 어떻게 하나가 될 수 있는가. 시인이 의도적으로 그렇게 만든 것이다. 이것이 상상이다. 그러니 이 시는 '감초형 상상법'이라고 할 수 있다.

　그 결과 생각도 없는 민무늬 타일이 사람의 생각을 할 수 있게 변했다. 즉 형태의 변화는 없어도 생각이라는 내면의 기능을 갖게 된 것이다.

　'감초형 상상법'은 내가 상대의 기능에 변화를 줄 때 사용할 수 있다. 과거 이런 광고가 있었다. 여자 탤런트가 등장하면서 "20년전에도 노란 카레, 10년 전에도 노란 카레, 어제도 노란 카레. 아, 하늘도 노랗다. 커리에도 메뉴가 필요하다. 5가지 메뉴가 있는 인델리."

그렇다. 우리는 오랜 세월 노란 카레만 먹어야 했었다. 이때 카레 속으로 내가 접목해 들어가면 어떤 결과가 나올까. 카레의 가장 큰 특징이 색깔이다. 언제나 변함없는 노란색.

나는 매일 옷을 갈아입는다. 그렇다면 카레의 옷을 갈아입혀보자. 카레의 색깔이 다양해질 것이다. 그 결과 5가지 색깔의 인텔리 모델이 나왔다.

만약 에스프레소형의 접목을 했다면 어떨까. 내가 카레가 되어 다른 것을 받아들이는 것이니 색깔만 받아들일 리 없다. 카레는 어떤 재료이든 모두 받아들여 접목하게 된다. 에스프레소형 접목의 상상법이 그러하기 때문이다. 그러면 밥에 덮는 소스의 형태가 바뀌고, 카레라는 이름마저 바뀔 가능성이 크다.

그러나 '감초형 접목'은 상대에게 내가 들어가는 형태의 접목이므로 카레의 원래 모양이 아닌 기능에만 변화를 줄 수 있다.

카페 변신도 이렇게 설명할 수 있다. 원래 카페는 커피나 음료, 술 또는 가벼운 서양 음식을 파는 집이라는 의미였다. 그런데 록카페, 납량카페, 사주카페, 갤러리&북카페, 감옥카페 등 이색카페가 수없이 등장했다. 나름대로 새로움을 만들어 고객을 끌기 위한 방법이다.

이들 이색카페도 접목을 기본으로 해서 이뤄진 아이템이다. 카페에 록 음악을 접목하면 록카페가 되고, 귀신의 무서움을 접목하면 납량카페가 된다. 납량카페는 소복 입은 종업원이 주문을 받는다고 한다. 감옥 카페는 카페에다 감옥의 상황을 접목한 것이다.

카페에 록이나 납량, 감옥 등 여러 아이템을 접목해도 카페에서 차와 음식을 먹을 수 있다는 자체는 달라지지 않는다. 하지만 카페의 모습은 기존 카페와 확연하게 달라진다. 분위기에 맞게 변화를 줘야 하니 그렇다. 이런 것이 전형적인 감초형의 접목이다.

냉면도 그중 하나다. 과거 냉면하면 한가지였다. 지금은 녹차냉면, 느릅냉면 등 다양하게 만들어 판매한다. 냉면 맛이 달라지기는 해도 냉면 형태는 변화가 없다.

이제 주머니에 있는 물건을 아무것이나 꺼내 놓고 '에스프레소형 접목'과 '감초형 접목'으로 번갈아 가면서 상상을 해보자. 재미있는 놀이가 될 것이다.

시원(詩源)한 생각놀이터

1. 에스프레소형 접목은 나와 대상이 연결될 때 대상의 특징을 나에게 가져와 나를 변화시키는 방식이다. 나와 백과사전을 에스프레소형으로 접목하면 백과사전의 특징을 나에게 가져와 내가 변화하는 것이니 나는 '걸어다니는 백과사전'이 될 수 있다.

그러면 나는 무엇과 접목해 나를 변화시키면 좋을까? 이것저것 연결해 내가 달라지는 모습을 상상해보자.

_____
_____
_____
_____
_____
_____
_____
_____
_____
_____
_____

2. 이번에는 제품의 경우다. 이때도 에스프레소형 접목의 방식은 마찬가지다. 전화기 제조 회사에서 TV와 접목해 전화기를 변화시키고 싶다면, TV의 특징을 가져다 전화기에 넣으면 된다. TV는 보는 것이다. 그러면 보는 전화기 즉 영상 전화기가 나올 수 있다. 지금은 휴대폰으로만 영상 통화가 가능하지만 집 전화기도 이렇게 만들 수 있다.

우리 회사 제품에 다른 사물의 특징을 넣어보자. 어떻게 변할까?

----

3. 감초형 접목은 내가 대상에 들어가 대상을 변화시키는 방식이다. 나와 백과사전의 경우 내가 백과사전에 들어가 백과사전을 변화시킨다. 어떤 변화가 일어날까? 나는 글자를 읽을 수 있으니 글자를 읽어주는 백과사전이 나올 수 있겠다. 백과사전을 읽는 것이 아니라 백과사전에게 궁금한 것을 질문하기만 하면 책이 글자를 읽어 말을 해주는 것이다. 제4차 산업혁명 시대 어느 쯤에는 충분히 가능성이 있는 미래의 책이라고 할 수 있다.

그렇다면 나는 다른 무엇과 접목할 때 그 무엇에 나의 어떤 특징을 넣어 어떻게 변화시킬 수 있는지 생각해보자.

----

4. 감초형 접목이 제품과 제품에서 이뤄지는 경우다. 감초형 접목은 내가 대상으로 들어가는 것이니 전화기 제조 회사에서 TV와 접목한다면 TV에 전화기 기능을 삽입될 수 있다. 이렇게 되면 가정집 전화기가 필요 없어지고 TV가 그 역할을 하게 될 것이다. 또 집에서 TV를 보다가 전화가 오면 TV 화면 일부에 영상이 뜨고 전화 건 사람의 이름이 뜬다. TV 소리를 조금 줄이고 TV를 보면서 통화를 할 수도 있겠다.

이제 이런 상상의 방법을 바탕으로 우리 회사 제품과 다른 회사 제품이나 사물을 감초형 접목으로 연결해보자. 우리 회사 제품의 어떤 특징이 다른 제품으로 들어갈 수 있을까? 그 특징을 찾아내면 다른 제품을 만드는 회사와 협업이 가능해질 수도 있다. 이런 가능성까지 생각해보자.

상상의 한계를 깨는 직유

비유에는 직유와 은유가 있다. 직유부터 어떻게 기존 관념을 벗어나 상상의 한계를 깰 수 있는지 보기로 한다.

우리는 직유법을 동원해 다양한 표현을 한다. '바위같이 무겁다' '바다같이 깊다' '비처럼 흐른다' ….

학창시절 시와 관련된 시험을 볼 때도 한두 번쯤은 직유와 관련된 문제를 풀어보았을 것이다. 실생활에서 가장 많이 사용하는 수사법이니 시험에 나오는 것은 당연하다.

그럼 잠시 그때의 기억을 더듬어보자. 직유를 한마디로 정의하면 '유사점 찾기'의 수사법이다. 유사점을 찾아내는 게 직유의 일차적인 목표다.

시에서 직유는 대개 두 가지 방법으로 유사점을 찾는다.

첫째는 ㄱ이라는 대상의 특징을 ㄴ으로 옮겨가 ㄱ과 ㄴ을 유사하게 만드는 방법이다. 상식적으로도 두 사물 간에 유사한 점이 눈에 보일 때 사용하는 방법으로, ㄴ을 원래의 모습과 다른 ㄴ'로 만들어 낸다.

위에서 예를 든 '바위같이 무겁다' '바다같이 깊다' '비처럼 흐른다' 등이 모두 이런 예다. '바위처럼 입이 무거운 사람'이라고 했을 때 바위(ㄱ)의 특징을 의도적으로 사람(ㄴ)으로 옮겨가 '입이 무거운 사람(ㄴ')을 표현하는 것이다.

둘째는 ㄱ과 ㄴ의 두 대상 간에 유사점이 없다고 여겨질 때다. 유사점이 쉽게 눈에 띠지 않을 때는 강제하는 의도성이 필요해진다. 어떻게 의도적으로 연결할까. 두 사물의 의미를 하나로 만드는 것이다. 이처럼 의도적으로 직유를 만들어낼 때 상상이 나타나고, 이런 상상의 방법을 '직유 상상법'이라고 한다.

정수자 시인의 〈편서풍〉이라는 시를 보자.

바람에도 편이 있어 동으로만 닫는 걸까

일찍이 산 너머로 몸이 닳던 맨발처럼

편서풍

습한 질주는

편애의

오랜 습관

─덩달아 요동치던 머리칼을 수습하고

─허리통 매만지며 머쓱해진 나무처럼

─중력에 기대어 늙는 지구의 관습처럼

맨발의 바랑인 양 바람을 경전 삼는

맹목의 맨발인 양 방향을 편식하는

편서풍

푸른 질주는

미완의

오랜 편애

─정수자, 〈편서풍〉

시 도입 부분을 보면 편서풍과 맨발이 접목한다. 어떻게 이것이 가능할까. 상식이나 통념으로는 해석할 수 없을 만큼 형태상 유사점이 없다.

그러나 바람 부는 모습을 사람이 달려간다고 여긴다면 바람에는 발이 있게 된다. 즉 편서풍은 서쪽에서 동쪽으로 달려오는 사람이 되고, 사람은 발로 달리니 '달린다'는 유사점으로 편서풍과 맨발이 접목됐다. 이 접목으로 인해 편서풍은 한 방향만 편식하고, 한쪽만 편애하는 미완의 질주자가 된다. '직유 상상법'의 결과다.

영국에서 개발된 '회전 날개 없는 선풍기'도 직유 상상법을 활용하고 있다. 보도에 따르면 제임스 데이슨(James Dyson)이 개발한 이 제품은, 주변의 많은 바람을 끌어들여 바람을 일으키는 핸드 드라이어의 원리를 다른 데 접목할 수 없을까 고민하다 나온 결과물이라고 한다. 핸드드라이어에서 바람이 나오는 이치를 선풍기에 의도적으로 접목시켜 세상에 없던 새로운 선풍기를 만들어낸 것이다.

이를 직유로 표현하면 '핸드드라이어 같은 선풍기'가 되고, '직유 상상법'으로는 '핸드드라이어+선풍기'라는 접목에 의해 '회전 날개 없는 선풍기'라는 새로운 제품이 탄생했다고 볼 수 있다.

우리가 직유를 통해서 유사점을 찾거나 만드는 이유는 분명하다. 제3의 의미를 창출하려는 목적 때문이다. 이 목적까지 가는 과정을 잘만 활용하면 '회전 날개 없는 선풍기'를 창조하는 상상을 끊임없이 할 수 있다. 직유의 접목 형태와 과정은 창조를 위한 상상을 낳기 때문에 창조력과 상상력을 키우는 데 매우 좋은 자료가 되는 것이다.

12월 저녁에는

마른 콩대궁을 만지자

콩알이 머물다 떠난 자리 잊지 않으려고

콩깍지는 콩알의 크기만한 방을 서넛 청소해 두었구나

여기에다 무엇을 더 채우겠느냐

12월 저녁에는
콩깍지만 남아 바삭바삭 소리가 나는
늙은 어머니의 손목뼈 같은 콩대궁을 만지자
-안도현, 〈12월 저녁의 편지〉

시인은 시 첫 구에 '마른 꽃대궁을 만지자'라고 주장한다. 왜 이런 말을 하는 것일까. 마른 콩대궁(콩대의 사투리)의 모습이 마치 늙은 내 어머니의 손목뼈 같기 때문이다.

기름기 없이 바싹 말라서 건드리기만 해도 바삭바삭 부서질 것 같은 콩대의 모습. 콩대는 자기가 품었던 콩알들이 다 떠나도 다른 것으로 채울 생각조차 하지 않는다. 품을 떠난 그리운 자식의 방에 다른 사람을 들일 수 없는 어머니의 마음이 바로 마른 콩대의 마음이다.

어찌 자식에게 다 내주고 자신은 늙고 말라 보잘것없이 변한 어머니의 손목뼈와 같지 않겠는가.

시인은 유사점을 만들어냄으로써 훌륭한 시를 창작하는 데 성공했다. 마른 콩대와 늙은 어머니의 손목뼈는 전혀 별개다. 식물과 사람에게 공통점은 없다. 그런데 마른 식물과 늙은 사람의 유사점을 만들어내고, 콩대의 모습과 어머니의 모습에서 자식을 사랑하는 유사점을 만들어낸 것이다. 그리하여 12월 한해가 다 가는 시점에서, '또 한 뼘쯤 더 늙어가야만 하는 어머니의 손목이라도 만지자'는 메시지를 전하게 된다.

이처럼 유사점 찾아 새로운 의미를 창출하는 '직유 상상법'을 활용하면 스님에게 빗을 팔 수 있는 아이디어가 나오기도 한다.

중국의 한 대기업에서 높은 연봉을 내걸고 영업사원을 모집했다. 지원자들이 몰려들었다.

최종까지 남은 사람은 3명이었다. 회사는 마지막 시험문제를 냈다. 수단과 방법을 가리지 말고 스님에게 빗을 팔고 오라는 것이었다. 기간은 10일이었다.

지원자들은 황당했다. 머리카락이 없는 스님에게 빗을 팔아야 하다니. 스님은 빗을 살 필요가 없다. 실 필요가 없는 사람에게 빗을 팔아야만 하니 참으로 난감했다.

3명은 각각 절로 향했다. 빗을 팔려면 스님을 만나야 하니까. 10일 후 셋은 회사로 와 실적을 공개했다.

첫 번째 지원자가 들어왔다. 시험관이 물었다.

"당신은 몇 개 팔았습니까?"

"한 개를 팔았습니다."

지원자가 대답했다.

심사위원은 감탄했다.

"오, 그래요. 대단합니다. 스님에게 빗을 팔다니. 그런데 어떻게 팔았습니까?"

지원자가 스님을 만나 '빗을 사라'고 하자 스님은 거절했다. 방법이 없었다. 스님에게 거절당하고 나와 마당을 지나는데 한 동승이 머리가 가려운지 머리를 긁적이고 있었다. 지원자가 동승에게 가서 '가려울 때 빗으로 머리를 긁으라'고 알려주면서 빗을 사라고 권했다. 동승이 그 말에 관심을 가지면서 빗 한 개를 샀다. 이 지원자는 그래서 한 개를 팔 수 있었다.

다음 지원자가 들어왔다. 심사위원이 물었다.

"당신은 몇 개를 팔았습니까?

"네. 저는 10개를 팔았습니다."

심사위원들은 감탄했다. 아까 첫 번째 지원자는 1개를 팔았는데 그 10배를 판 것이다.

"대단합니다. 어떻게 팔았습니까?

두 번째 지원자의 말은 이러했다. 스님을 만나러 산을 올라가는데 바람이 몹시 불었다. 앞에서 신자들이 걸어가고 있었는데 신자들의 머리가 많이 흐트러졌다. 이 모습을 보고 빗을 팔 아이디어를 얻었다는 것이다.

이 지원자는 스님을 만나 이렇게 말했다.

"신자들이 흐트러진 머리로 부처님께 절을 하는 것은 예의에 어긋납니다. 신자들이 바람이 날린 머리를 단정히 빗은 후에 부처님을 만나도록 빗을 비치해 놓는 것이 어떻겠습니까."

스님은 '바람 부는 날이면 신자들이 필요할 것'이라는 생각이 들었다. 그래서 신자를 위한 서비스 차원에서 10개를 사서 법당 앞에 비치해 두었다.

마지막으로 세 번째 지원가가 들어왔다. 심사위원이 역시 같은 질문을 했다. 그랬더니 이 지원자는 1,000개를 팔았다고 답했다. 심사위원들은 깜짝 놀랐다.

과연 세 번째 지원자는 어떻게 1000개를 팔았을까. 세 번째 지원자는 스님을 만나 이렇게 말했다.

"절을 찾은 사람들이 향을 올리고 절을 하고 나면 스님이 직접 이 빗으로 사람들이 머리를 한번 빗겨주십시오. 그런 나음, 이 빗이 '당신의 업보를 지워줄 공덕소 빗(공덕을 쌓는 빗)입니다'라고 말하면서 '공짜로 신자들에게 주십시오. 그러면 사람들이 기뻐할 것이고, 나아가 더 많은 사람이 이 절을 찾을 것입니다."

스님이 생각에 세 번째 지원자의 제안이 그럴듯했다. 그리하여 빗 100개를 주문했다. 스님이 절에 온 사람들의 머리를 빗겨준 후 '공덕소 빗'이라면서 건네주니 사람들이 매우 좋아했다. '그 절에 가면 공덕소 빗을 공짜로 준다'는 소문이 나면서 많은 사람이 몰려왔다. 그러자 스님이 900개를 더 주문해 모두 1000개의 빗을 판 것이다.

제일기획 허원구 국장이 세리CEO에서 강의한 내용이다. 발상의 전환을 설명할 때 자주 인용되는 이 이야기에서 우리가 배워야 할 점이 있다. 세 번째 지원자는 어떻게 '공덕소 빗'을 생각해내 스님에게 빗을 팔 수 있었을까.

세 번째 지원자가 스님과 신자의 공통점을 찾았다는 데에 그 비밀이 있다. 스님과 신자는 '공덕'이라는 공통점을 갖고 있다. 그러나 스님과 신자는 삶의 길이 다르고, 공덕이 필요한 이유가 다르니 '목표의 유사성'이라고 할 수 있다.

세 번째 지원자는 스님과 신자 모두 원하는 부분, 즉 '목표의 유사성'인 공덕을 찾아내, 자기가 팔고자 하는 빗과 접목한 것이다. 즉 공덕+빗을 연결해 '공덕소 빗'이라는 새로운 단어를 만들었다.

공덕과 빗은 유사점이 없다. 그럼에도 강제하는 의도성으로 두 단어를 붙여 의미상 유사점을 만들어낸 것이다. 전형적인 '직유 상상법'의 결과다.

시인처럼 직유라는 접목을 활용해 보면 나의 상상력의 한계를 깨고 다른 눈을 가질 수 있게 된다. 알래스카에 냉장고를 팔 수 있는 아이디어가 여러분에게서 나올지도 모른다.

시원(詩源)한 생각놀이터

에스프레소형 접목, 감초형 접목에서는 연결할 사물이나 제품을 찾는 방법이 제시되지 않았다. 직유, 은유 등으로 얘기되는 비유는 연결할 사물이나 제품을 찾는 법을 알려준다.

1. 직유는 이것과 저것의 유사점을 찾거나, 유사점이 있도록 의도적으로 만들어 연결하는 방식이다. 이 방식이 곧 연결할 사물을 찾는 방법이 된다. 그러니까 이것과 저것의 유사점을 찾는 것이 직유의 핵심인 셈이다. 예를 들어 컵과 전화기가 책상에 있다고 하자. 그러면 이 두 개의 사물을 적어놓고 유사점을 찾는 것이다. '담는다'. 컵은 물을 담고 전화기는 말을 담아 다른 사람에게 전달한다. 그러면 컵과 전화기가 연결될 수 있게 된다. 컵 같은 전화기, 전화기 같은 컵 등이 나올 수 있다.

지금부터 주변의 사물 두 개를 정한다. 그리고 그 사물들의 유사점이 무엇인지를 찾아본다.

―――――――――――――――――――――――
―――――――――――――――――――――――
―――――――――――――――――――――――
―――――――――――――――――――――――
―――――――――――――――――――――――
―――――――――――――――――――――――
―――――――――――――――――――――――

2. 이번에는 두 개의 사물의 유사점이 아니라 한 개의 사물을 선택해 그 사물의 특징을 적어본다. 그 후 그 특징과 연결될 수 있는 다른 사물을 찾아본다. 즉 의자라면 '앉는다' '움직인다' '편안하다' '딱딱하다' '부드럽다' 등 많은 특징이 찾아질 것이다.

이 단어들로 다른 사물과 연결한다. '앉는다'라는 단어를 사용할 수 있는 사물은 무엇일까? '나비(꽃에 앉는다)', '새', '비행기(착륙할 때 내려 앉는다라고 표현한다)', '임산부석', '경로석', '방석', '사람', '공원' '변기' 등 많은 단어가 '앉는다'라는 단어로 문장을 이룰 수 있다.

이중 공원과 연결해보자. 그러면 '의자 같은 공원', '공원 같은 의자'라는 문장이 만들어진다. 이제 이런 공원이라면, 이런 의자라면 어떤 공원이고 의자인지를 생각한다. 의자 같은 공원이라면 의자의 편안함이 특징인 공원이 될 수 있겠다. 조용하고, 잠도 잘 수 있는 공원. 혼자 의자에 앉는 것처럼 혼자 편안함을 즐길 수 있도록 공원의 공간을 만드는 것이다. 다른 사람이 접근할 수 없는 투명 캡슐에 들어가 공원의 공기와 분위기를 즐길 수 있도록 하는 것은 어떨까? 황당한가? 그렇지 않다. 우리의 미래는 이런 공간이 마련될 수도 있다. 만약 황당하다고 이런 생각을 버리기 시작하면 상상력이 사라지게 될 것이다. 황당하다고 여겨도 그것을 실행하기 위해서는 무엇을 어떻게 해야 할지를 생각하는 게 상상력을 키우는 방법이다.

이제 사물 하나의 이름을 적어보자. 그리고 그 사물의 특징을 적고, 그 특징으로 연결될 수 있는 사물이나 단어를 찾는다. 그리고 찾은 사물이나 단어가 원래 시작했던 사물과 어떻게 연결될 수 있을지를 적어보자.

창조 아이디어를 생성하는 은유

 미국 오하이오 주에 있는 바구니 회사 롱거버거는 특이한 사옥을 가지고 있다. 롱거버거 사옥을 보면 입이 벌어진다. 건물에 대한 통념을 완전히 뒤집었기 때문이다. 건물은 일반적으로 기둥이 있고, 창문이 있고, 콘크리트 외벽이 있다. 그런데 롱거버거 사옥은 바구니다. 우리가 알고 있는 대나무 바구니 그 자체다. 바구니 위쪽 끝에는 손잡이까지 달려 있다.

 〈통찰의 기술〉에 따르면 원래 이 회사도 다른 회사들처럼 도시 한 가운데 큰 건물을 지으려고 했다. 그러나 이 회사 창업자인 데이비드 롱거버거는 시골에 바구니 모양을 본떠 사옥을 짓는 획기적인 생각을 했다. 이 소식을 들은 주변 사람들은 데이비드 롱거버거의 생각에 고개를 갸웃거리고 '무슨 쓸데없는 소리냐'고 하면서 코웃음을 쳤다.

사옥이 완성된 후의 반응은 영 달랐다. 이 건물 덕에 시골 마을은 관광객을 유치할 수 있게 됐고, 더불어 롱거버거는 대단한 홍보효과를 거둘 수 있었다. 손으로 바구니를 만들어 통신판매하는 이 회사의 연간 매출액이 10억 달러를 넘는다고 한다.

이런 기발한 아이디어는 어떻게 가능했을까. '건물은 바구니다'라는 '은유 상상법' 덕분이다. 시에서 'ㄱ=ㄴ이다'의 등식으로 표현되는 은유는 ㄱ에서 ㄴ으로 그 모습과 의미가 변한다. 즉 '건물은 바구니다'라는 은유 등식으로 건물과 바구니를 접목해 건물이 바구니로 변한 것이다. 그 결과 롱거버거를 상징하는 사옥이 탄생했다.

'건물은 바구니다'라는 은유 등식에서도 느꼈겠지만, 은유로 접목하려면 접목 대상 간에 유사점이 없던가, 상식을 뛰어 넘어서야 한다. '건물은 집이다'나 '건물은 빌딩이다'와 같은 접목은 신선하지 못할 뿐더러 새로운 결과를 낳지도 못하다.

유사점이 없는 대상을 의도적으로 강제해 접목시키므로 '상상'이 필요한 것이고, 그 대상을 'ㄱ=ㄴ이다'는 등식으로 접목했기에 은유가 됐다. 이것이 '은유 상상법'이다.

묵정밭에 꽃이 핀다고 그냥 핀 건 아닐 거다
추근대는 뒷바람에 첫 입술 빼앗기고

봄볕에 온몸을 데여

몸을 풀고 있는 거다

그저 피어났겠느냐 그건 절대 아닐 거다

사글세로 살면서도 묵묵히 자리 지키며

온 생을 뜨겁게 던져

몸 밝히고 있는 거다

-오종문, 〈묵정밭에 꽃이 핀다고〉일부

여기 오래 내버려둔 땅이 있다. 묵정밭이다. 그런데 이 땅에 꽃이 피었다. 시인은 이를 그냥 넘기지 않는다. 이런 상황에서 피는 꽃은 그냥 피는 게 아니라는 주장이다. 즉 씨앗이 땅 속에서 어쩌다 저절로 피워 오른 것이 아니라는 말이다. 그러면 무엇일까. 봄볕에 몸을 데여 몸을 풀고 있는 거란다. 고통을 당하고 있는 것이다. 그러니 '묵정밭 꽃은 온몸이 데인 고통'이라는 은유가 형성된다.

시인의 주장은 여기에서 그치지 않는다. 그 다음에 묵정밭 꽃은 사글세로 어렵게 살면서도 온 생을 뜨겁게 던져 몸 밝히고 있는 거라고 말한다. 그러면 '묵정밭 꽃은 몸 밝히는 존재'가 된다. '은유 상상법'이다.

이처럼 '묵정밭 꽃과 고통' 혹은 '묵정밭 꽃과 몸 밝히는 존재'는 전혀 유사성이 없다. 그럼에도 의도적으로 강제 접목해 'ㄱ=ㄴ이다'는 등식을 만들었다.

귀천(歸天)이라는 시를 쓴 천상병 시인의 시를 기억하는가. 그는 '아름다운 이 세상 소풍 끝내는 날, 가서, 아름다웠다라고 말하리라'고 했다. 천상병 시인은 어릴 때 천재로 소문난 사람이었다. 1949년 마산 중학 5학년 때 당시 담임교사였던 김춘수 시인의 주선으로 〈문예〉지에 등단했다. 20대 초반인 1951년 평론가로도 등단해 선배 문인들의 작품을 독설로 난도질하기도 했던 신예 비평가였다. 그런 그가 서울대 상과대 수료 후 동백림 사건에 연루되어 약 6개월간의 고문으로 아이를 낳지 못하는 불구가 됐다.

고문 후유증과 과도한 음주생활로 그는 걸핏하면 쓰러지기 일쑤였다. 직장생활을 한번도 해보지 못한 그는 당연히 가난에 찌든 삶을 살 수밖에 없었다.

그는 서울 인사동 골목을 지키고 있다가 동료 문인을 만나면 '1000원만'이라면서 손을 내밀었다. 이 돈은 막걸리 한 잔 미시고 집에 갈 자비와 다음날 나올 차비로 썼다고 한다. 이런 삶이었지만 〈귀천〉이라는 시를 보면 죽어 하늘로 가서 이 세상이 아름다웠다고 말하겠단다. 바보나 도인이 아니면 어찌 이렇게 말할 수 있을까. 가난 속에서도, 또 고문의 후유증을 안은 고통 속에서도 어떻게 이런 표현이 가능했을까. '세상=소풍'이라는 '은유 상상법'이 있었기 때문이다. 이처럼 유사점이 없거나, 상식을 뛰어넘는 대상을 서로 접목하는 '은유 상상법'을 실생활에 제대로만 활용하면, 시에서 새로운 의미를 창출했듯 세상을 진화시키고, 다양하게 변화시킬 수 있는 힘을 얻게 되는 것이다.

'은유 상상법'으로 제품에 대한 사람들의 인식을 바꿔버리고, 변한 인식만큼 대박을 낳은 최고의 제품이 바로 닌텐도다. 글로벌 경제위기로 일본의 기업 대부분이 적자를 기록하고 있었을 때에도 닌텐도만큼은 사상 최대의 흑자를 기록해 2008년 매출액이 27조 원이 넘었다고 한다.

'닌텐도DS'와 '닌텐도Wii' 두 게임기로 닌텐도는 전 세계 게임기 시장의 절반 이상을 장악하고 있다.

어떻게 이런 일이 가능할까. 김영한 씨가 쓴 〈닌텐도 이야기〉에서 해답을 찾을 수 있다. 닌텐도를 대변하는 문장으로 보자. '기술의 진보가 아닌 생각의 진화가 닌텐도의 생존력이다' '닌텐도, 게임을 넘어 문화가 되다'

닌텐도 대한 신문기사 제목들이다. 이 문장에 따르면 '닌텐도는 게임기가 아니다.' 다른 사람들이 게임기의 기능 발전을 추구할 때 닌텐도 사는 '은유 상상법'을 활용해 '닌텐도는 놀이 기구'라는 다른 개념을 만들어낸 것이다.

닌텐도는 처음 '닌텐도는 생각의 도구다'라는 '은유 상상법'에서 출발해 학습 도구로 변화시켰고, 이어 가족 모두가 함께 즐길 수 있는 놀이기구로 진화시켰다.

이러한 변모 발전의 기저에는 '닌텐도는 학습을 돕는 과외 선생님이다' '닌텐도는 화합 기구다'와 같은 '은유 상상법'이 숨어 있다. 게임기와 사람, 게임기와 놀이기구 등 유사점이 전혀 없는 대상을 접목하는 '은유 상상법'이 게임기의 변모를 돕고 새로운 제품을 만든 창조의 힘으로 작용했던 것이다.

자, 그럼 이제부터 '은유 상상법'을 연습해 보자. 'TV는 로봇이다' 'TV는 조각품이다' 등 무한한 아이템이 '은유 상상법'에서 나올 수 있다.

그러면 이번에는 이러한 '은유 상상법'을 도시에 적용해보자. 바구니 생산업체인 롱거버거가 바구니 사옥을 지었듯이 휴대폰 회사는 휴대폰 모양의 건물을 짓고, 대학은 책 모양을 닮은 건물을 세울 수는 없을까. 강 주변이나 냇가가 주변에 있는 곳이라면 커다란 오리알 모양의 아파트를 짓는 것은 어떨까.

'재해석 생각법'과 '은유 상상법'은 어떻게 다른가.

'재해석 생각법'은 게토레이가 '이온 음료'에서 '갈증해소 음료'로 변하듯 이온 음료라는 기존 개념을 토대로 이온음료에 들어 있는 성분에서 다른 개념을 만들어 '의미를 확장 생각법'이다. 다만 원래 개념에서 다른 개념으로 바뀌는 듯이 표현한다.

반면 '은유 상상법'은 기존의 개념이 완전히 사라지고 다른 개념으로 변하는 것이다. 게토레이를 적용해보면 '이온 음료'에 들어가는 성분을 활용해 '갈증해소 음료'를 추출해내는 게 아니라 아예 '게토레이는 밥이다'와 같이 음료 자체를 거부하면서 다른 개념을 창출한다. 즉 음료에 각종 영양소를 넣어 다이어트하는 여성이 밥 대용으로 마실 수 있도록 하는 창조적 결과를 도출하는 것이다.

그러면 기존의 개념이 완전히 사라지고 다른 개념으로 변한다는 측면에서 '새로운 의미의 호칭 찾기 생각법'과는 어떤 차이가 있는가 의문을 가질 수 있다. '은유 상상법'과 '새로운 의미의 호칭 찾기 생각법'은 전혀 다른 개념으로 변하는 점에서는 같다. 하지만 '새로운 의미의 호칭 찾기 생각법'이 기존 개념에서 새로운 개념을 찾아내는 것이라면, '은유 상상법'은 전혀 다른 두 개의 사물을 접목해 또 다른 제3의 사물을 창조해 내는 것이라는 데 차이가 있다.

시원(詩源)한 생각놀이터

은유 상상법도 직유 상상법과 같다. 직유에서 '~같이' '~처럼' 등의 연결고리를 빼고 직접 연결하면 은유가 된다. 그래서 은유는 직유보다 유사점이 덜하다. 따라서 두 개의 사물을 아무렇게나 연결해 왜 그런지를 찾아보면 된다.

우리가 간혹 놀이를 할 때 '○○는 ○○다' '왜?'라는 놀이를 한다. 은유 상상법은 딱 이런 방식이다. 예를 들어 '베개는 책이다'라고 연결하고 '왜 책인가'를 찾는 것이다. 우리는 학창시절 시험 준비하면서 채 다하지 못한 공부를 걱정하며 책을 베고 자기도 했다. 그러면 책의 내용이 마치 머릿속에 들어올 것 같은 기대감으로. 기억하는가. 이런 생각에 '침대는 책이다'라고 했다면 이유는 '책을 베고 자니까'다.

그러면 모양이 책인 베개가 나올 수 있고, 평소 때는 책이었다가 잠잘 때는 베개로 활용할 수 있도록 겉표지가 부드러운 재실로 돼 있는 책이 나올 수도 있다. 비용이 많이 들어 좋은 아이디어가 아니라고 생각하는가. 그건 나중 문제다. 그런 생각이 당신의 아이디어를 죽이게 된다. 일단 무조건 새로운 생각을 만들어내라. 그리고 그것을 실현하기 위해 무엇을 어떻게 해야 하는지를 생각하라.

1. 자신의 이름을 쓴다. 그리고 은유로 연결한다. OOO는 OO다. 그리고 내가 어떻게 변할 수 있는지 생각해본다. 자신의 이름과 다른 사람의 이름을 연결해 서로 어떤 영향을 받는 것이 좋은지를 찾아보는 것도 재미있는 방법이다.

2. 회사 제품을 은유로 연결해보라. 어떤 은유 문장이 나오는가. 그 문장이 생성된 이유를 찾고 어떻게 변할 것인지 상상해보자.

연관 없는 것들을 만나게 하라
기이한 접목

디지털카메라나 캠코더는 곧 사라지고 디지털 안경이 나와 이들 제품 역할을 완벽히 해낸다. 안경만 쓰면 무엇이든지 다 찍을 수 있게 된다.

사람의 무의식도 볼 수 있게 될 뿐 아니라 목걸이를 통해 모든 생각과 움직임을 영상으로 볼 수 있다. 또 내 몸의 건강 정보는 몸속 혈관을 누비고 다니는 나노봇(NanoBot)이 알려준다.

신발이나 옷으로 전기를 생산하여 혁대에 저장하고 있다가 필요한 곳에 분배한다. 휴대용 PC는 둘둘 말고 접을 수 있는 손수건의 핸키(Hanki) PC가 되고, 신발이나 옷에서 생산된 전기로 충전한다. 이때부터 액세서리가 모두 컴퓨팅 처리된다.

사람에게 의식주 컴퓨팅이 융합돼 먹고 마시고 입고 숨 쉬는 일체의 행위가 인간의 몸속이나 혈관 속에서 이뤄지게 된다. 차원용 박사가 쓴 〈한국을 먹여 살릴 녹색융합비즈니스〉라는 책은 이러한 내용을 자세히 묘사하고 있다. 차원용 박사는 "인간의 기술과 자연의 융합 덕분에 이미 이와 같은 미래를 여는데 상당한 진전이 있다"고 말한다.

기술과 자연의 접목이 인간의 삶을 변화시키는 융합으로 이어진 예가 도마뱀 로봇(StickyBot)이다. 미국 스탠포드 대학에서 한국인 김상배씨가 도마뱀 발과 로봇을 접목해 근사용으로 개발해낸 것으로 수직벽도 쉽게 올라가게 돼 있다. 도마뱀과 로봇이라는 이종간의 결합으로 이룬 성과다. 이로써 건물 안에 있는 사람의 눈에 띄지 않은 상태에서 높은 건물 벽을 타고 침투하는 군사용 도구로 쓰이게 됐다.

이 사례는 사람과 동물, 식물, 그리고 세상에 존재하는 모든 다른 물질이 서로 접목해 새로운 세상이 창조되고 있음을 보여준다. 즉 우리가 볼 수 있는 어떤 존재물을 일상에서 떼어내 전혀 어울리지 않는 다른 곳으로 옮기는 기이한 접목으로 과거에는 감히 생각할 수도 없는 창조를 만들어낸다는 것이다.

이러한 접목은 초현실주의 시에서 비롯된 상상법의 하나다. 초현실주의 시에서의 접목은 동종이든 이종이든 가리지 않는다. 다만 접목 형태가 도저히 이해되지 않는다. 기이하다.

대개 모든 접목은 그 이유를 알 수 있다. 목적이 있기 때문이다. 따라서 어떤 목적을 가지고 있는지를 보면 접목의 이유가 이해된다. 특히 직유는 유사점이 있으니 금방 접목의 이유를 알 수 있고, 은유는 유사점이 없는 대상 간의 접목이지만 시 안에 반드시 왜 이들 접목하는지에 대한 설명이 들어간다. 'PC는 TV다'라고 했다면 왜 PC가 TV가 되는지를 시 안에 반드시 설명한다. 이때의 설명은 논리라고도 할 수 있다. 논리가 있기에 그 논리를 따라가다 보면 '은유 상상법'을 이해할 수 있는 것이다.

그러나 초현실주의 접목은 어떤 목적을 가지고 있는지 이해가 되지 않는다. 시인도 '나는 이런 이유에서 이런 접목을 시도했다'고 설명하지 않는다. 어떠한 논리적 설명도 하지 않는다는 얘기다. 이것이 초현실주의 접목 형태와 '은유 상상법'의 차이다.

실상 초현실주의 시를 쓰는 시인은 이해되지 않는 접목을 시도한 나름의 이유가 있다. 말하자면 자신이 추구하는 어떤 모습을 표현하기 위함이다. 세상 모든 표현 방법에는 목적이 있다. 그런데 목적을 알려주지 않으니 왜 그런 접목이 됐는지 이해가 되지 않는 것이다.

세리CEO의 '현장브리핑'에 의하면 초현실주의 접목의 출발은 시다. 1917년 프랑스 시인 아폴리네르가 처음 초현실주의라는 말을 만들어 이와 같은 접목법을 활용했다. 그러다가 1920년대 중반 이후, 화가 르네 마그리트가 이 초현실주의에 영향을 받으면서 데페이즈망(depaysement) 기법이라는 게 나왔다.

초현실주의 시와 마그리트의 데페이즈망은 차이점을 갖고 있다. 초현실주의 시가 접목의 대상을 일상과는 거리가 먼 대상까지 무작위로 포함시켰다면, 마그리트의 데페이즈망은 일상을 넘어선, 일상에서 볼 수 없는 사물 간의 접목은 시도하지 않았다. 즉 마그리트는 일상에 있는 사물을 활용해 현실적으로 실현이 가능한 모습을 만들어냈다는 특징이 있는 것이다.

재미있는 점은 초현실주의 시의 기이한 접목이 현실적으로 실현 가능하게 되고 있다는 것이다.

로봇과 벌레를 만나게 해 나노봇(NanoBot)을 만들고, 이 로봇으로 하여금 사람 몸에 들어가 암세포가 있는 곳에서 스스로 폭발해 암세포를 죽일 수 있고, 사람 몸의 상태를 낱낱이 촬영해 영상으로 보낼 수도 있다. 이처럼 기이한 접목은 창조를 낳고, 창조품은 생활을 더욱 윤택하고 편리하게 만들어준다.

우리나라에도 이 기이한 접목의 예가 있었다. 2009년 11월 27일 이명박 전 대통령이 '국민과의 대화'에서 4대강 사업에 대한 사업 설명을 할 때 등장한 '로봇 물고기'도 이러한 로봇과 물고기라는 기이한 접목의 결과로 창조했던 것이다. 당시 서울역사박물관에서 전시되고 있었던 세계박람회순회전시품 중 로봇물고기는 말까지 했다. '로봇+물고기+사람'이라는 그야말로 있을 수 없는 기이한 접목인 셈이다.

국내에서도 기이한 만남을 주도하는 초현실주의 시가 '무의미시'(김춘수), '비대상시'(이승훈), '날이미지'(오규원) 등으로 표현되면서 변모 발전돼 왔다.

김춘수 시인은 직유를 사용했든 은유를 사용했든 세상에 존재하는 모든 시는 의미가 있는데 자신이 쓰는 초현실주의 시는 의미가 없다고 해서 '무의미시'라는 이름을 붙였다. 의미가 있다는 것은 접목의 근거와 시를 쓴 목적을 추적할 수 있다는 말이다. 반면 무의미시는 그 접목의 근거와 목적이 전혀 드러나지 않아 의미가 없어 보인다는 뜻이다.

그 중 하나. 김춘수 시인의 시 〈눈물〉이라는 시에는 '남자와 여자의/아랫도리가 젖어 있다./밤에는 오갈피나무, 오갈피 나무의 아랫도리가 젖어 있다'는 표현이 나온다. '남자와 여자+젖은 아랫도리' '밤+오갈피나무' '오갈피나무+아랫도리' 등으로 단어들이 접목돼 있다.

일상에서 볼 수 있는 사물들이기는 하지만 그 연결고리가 매우 기이하고 낯설다. 그러면서 '눈물'이라는 이미지로 이들을 통합해 묶어 놓는다.

김춘수 시인 스스로 '무의미시'라고 했듯 이런 시는 해석이 안 된다. 의미 없이 마구 접목해 놓은 듯하기 때문이다. 당연히 이해할 필요도 해석할 필요도 없다. 접목 상황을 상상하여 그 기이한 만남을 즐기면 된다.

어떤 사물 간의 접목이 이뤄지고 있는지, 그 접목을 토대로 사람들에게 진정 새로움으로 다가갈 수 있는 접목이 무엇인지를 상상하면 된다.

연꽃은 물을 싫어한다. 수련은 주로 물에 살지만 물은 뿌리로만 받아들이고 잎으로는 먹기 싫어한다. 그래서 자기의 몸 밖에 물이 스며들지 않게 하는 성분을 듬뿍 발라 잎으로 스며드는 물을 철저히 배격한다. 과학자들이 현재 이 연꽃잎의 성분을 분석하고 있다. 인간의 삶에서 물이 필요하지 않은 곳에 활용하려는 것이다.

아스팔트가 자꾸 깨지고 무너지는 것은 물이 스며들기 때문이라고 한다. 그러면 아스팔트 만들 때 연꽃잎이 물을 싫어하는 과학적 원리를 찾아내 활용하면 물이 흡수되지 않고 그대로 흘러내리는 아스팔트가 된다. 아스팔트와 연꽃의 접목으로 이루는 창조적 제품이다.

이화여대 최재천 교수는 그래서 "자연은 모든 생물들에게 숙제를 내주었는데 지금 살아있는 생물은 모두 각자의 숙제를 푼 승리자"라면서 "숙제를 풀지 못한 생물은 도태돼 세상에 남아 있지 않다"고 했다. 최 교수는 또 "이 사실이 이미 자연에는 모든 해답이 있음을 알려주는 것이니 우리는 그것을 조그만 활용하면 세상을 바꾸는 창조가 이뤄진다"고 말했다. 자연을 보고 배우면 스티키봇이나 나노봇 같은 사람에게 필요한 창조물을 만들어진다는 것이다.

이러한 기이한 접목은 과학적 연구에만 활용되는 게 아니다. 기업에서 이미 반짝이는 창조 아이디어로 활용하고 있다.

'하이네켄 맥주 정수기'를 아시는가. 정수기 위에 놓는 물통 대신 하이네켄 맥주병을 꽂은 것이다. 물 대신 맥주를 마실 수 있도록 하겠다는 이 기발한 발상이다. 정수기와 물의 접목이 아닌 정수기와 맥주의 접목이다.

얼마 전에는 TV 예능프로그램에서 가수 김건모가 정수기 물통 대신 소주통을 꽂아 화제가 되기도 했다. 한때 인기를 끌었던 삼성전자의 보르도 TV는 TV와 와인병을 접목한 것이다.

어디 이뿐인가. 나이키 신발과 아이팟이 만난 '나이키+아이팟 스포츠킷'이 탄생했다. 스포츠와 디지털의 접목이다.

콜라와 휴대폰의 참으로 기이한 만남도 있다. 2010년 1월 씨넷은 설탕음료로 충전되는 휴대폰 콘셉트 제품을 소개했다.

이 제품은 영국 디자이너 다이지 젱이 노키아를 위해 고안한 환경 콘셉트 휴대폰이었다고 한다. 이 휴대폰 배터리는 콜라 한 잔으로 충전이 가능하다. 전기를 만들어내는 데 필요한 것이 '설탕이 들어간 음료수, 효소, 물, 산소'라고 한다. 그러니 콜라 한 잔이면 충분하다는 얘기다.

더욱이 '콜라 충전 휴대폰'은 기존의 리튬 배터리보다 3~4배정도 더 오래 지속될 수 있다는 주장이다. 콜라로 휴대폰 배터리를 충전하다니? 있을 수 있는 얘기인가.

이처럼 기이한 접목은 사람들이 잘만 활용하면 은유보다 더 큰 창조적 힘을 발휘하게 된다. 신선하고 기발한 발상은 이러한 기이한 접목의 상상법이 그 근간을 이루고 있기 때문이다.

시원(詩源)한 생각놀이터

기이한 접목은 논리가 필요 없다. 일단 두 개고 세 개고 마구 단어를 붙여놓고, 그러면 어떻게 될까를 생각하고 상상하는 것이다.

1. 내 이름에 두 개이든 세 개이든 다른 사물이나 사람 이름을 더해보라. 그것이 합쳐지면 나는 어떤 사람이 될 수 있나하고 상상해본다. 황당하지만 의외로 재미있다.

가족 이름이나 동료 이름을 활용해 이런 접목 연습을 해보는 것도 즐겁고 재미있는 방법이다.

----

2. 이번에는 회사 제품에 다른 단어 여러 개를 더해서 어떤 결과가 나오는지 상상해본다.

역발상을 만드는, 모순의 접목

말과 글에는 문법이 있다. 문법은 언어를 구사하는데 필요한 모든 규칙을 정해 놓은 것이다. 문장 서술 순서라든지 주어와 동사의 일치, 시간과 공간의 일치 등 문장을 구사하는데 필요한 규정을 만들어 놓은 게 문법이라는 얘기다. '문장을 구사하는데 필요한 규정'이란 다른 말로 '언어의 질서'다. 그러니 문법은 언어의 질서를 시술해 놓은 것이 된다.

언어가 혼란 없이 통용되려면 순서나 차례를 정해두고 질서를 지켜야 한다. 순서나 차례는 갑자기 정해지는 게 아니다. 사회 통념으로, 상식으로 오래전부터 알고 있을 만큼 습관화됐을 때 정해진다.

'주어+목적어+동사' 한국어의 일반적인 언어질서이고 상식이다. 반면 '주어+동사+목적어'는 영어의 질서이자 상식이다. 이 질서가 무너지면 문법이 무너지고, 문법이 무너지면 무슨 말인지 상대에게 뜻을 제대로 전달할 수 없다.

그런데 일부러 이 같은 정상적인 문법에서 벗어난 비정상적인 단어의 접목으로 자신이 하고자 하는 의미를 강화하는 경우가 있다.

역설이 그것이다. 역설은 잘 알다시피 '필요악' '차가운 불' '쓰디쓴 즐거움' '소리 없는 아우성' '찬란한 슬픔의 봄'과 같은 단어의 접목이다.

필요한 것이면 좋은 것이다. 그런데 '필요악'은 필요하면서도 나쁜 것이다. 불은 뜨겁다. 그런데 '차가운 불'이란다. 이렇게 기존 질서에서 벗어나는 단어의 접목을 '모순어법'이라고 한다. 정상적인 단어 접목이라면 굳이 상상이 필요 없다. 하지만 모순어법의 단어 접목은 관념과 상식에서 벗어나는 역설이기 때문에 접목을 강제로 혹은 의도적으로 시도해야 한다. 즉 상상이 일어나게 된다는 말이다. 따라서 이와 같은 모순의 접목도 상상법에 속한다.

물론 모순의 접목 상상법이 반드시 단어로만 나타나는 것은 아니다. '어두워진다는 것은 행복한 일이다' '너무 오래보고 있어서 보이지 않는다'처럼 모순 문장으로 나타나기도 한다.

우리의 관념은 어두우면 무섭고 두렵고 불안하다. 그래서 어두워진다는 것은 불행으로 알고 있다. 그런데 어두워지는 게 행복한 일이란다. 또 오래 보고 있으면 더 잘 보이는 게 상식이다. 그런데 오래 보고 있어서 보이지 않는다고 한다.

'어둠+불행'이 정상적인 언어 접목이라면 '어둠+행복'은 비정상적이고 비상식적인 개념의 생성이다. 또 '오래 봄+잘 보임'은 상식이다. 그런데 '오래 봄+안 보임'의 접목은 대단히 비상식적이다.

재미있는 것은 이러한 비정상적이고 비상식적인 모순 접목의 상상법이 새로움을 창조하는 길이 된다는 사실이다. 비정상과 비상식이 고정관념을 깨는 역발상이 되기 때문이다.

어떤 시를 보면 '고요한데 귀가 떨어질 것 같다'거나 '바람은 불지 않는데 하루 종일 바람만 분다'는 내용의 이상한 표현이 등장한다.

시에서 이런 표현은 왜 사용하는 것일까. 만약 당신 앞에 어떤 사랑이 찾아왔다고 생각해 보자. 어떨 것 같은가. 마음의 고요함은 순식간에 사라지고 복잡하고 시끄러운 마음의 소동이 고요함을 대신해 자리 잡고 있을 것이다. 그래서 '(실제)바람은 불지 않는데 (마음속)바람만 온종일 불'게 된다. 이 설레임. 이 기분 좋은 시끄러움의 원전은 무엇인가. 행복이다. 사랑이 나에게 다가오고 내 마음의 얼음이 풀려 봄날이 다시 오는 것 같은 그 행복 때문이다.

그러나 그 행복을 일반 어법으로 표현했다면 그 감동이 훨씬 덜 했을 수 있다. 행복을 강조하고, 더 강한 감동을 이끌어내기 위해 시인은 언어의 기존 질서를 해체하고 역설이라는 '모순 접목 상상법'을 활용한 것이다.

자, 이제 이런 문제를 생각해보자. 역설과 반어는 어떻게 다른가. 역설적 상상을 할 때 무작정 반대로 생각을 하면 되는 것인가.

무엇이든 반대로 하는 것은 반어법적 상상이다. 논리가 필요 없다. 반면 역설적 상상은 새로움을 추구하는 당위성이 있어야 한다. 즉 논리적이어야 한다는 말이다. 역설을 잘못 이해해 반어적으로만 사용하면 오히려 기존 질서를 따라가는 것만도 못하다.

다른 사람의 생각을 무조건 거꾸로 혹은 반대로 하는 게 반어라면, 역설은 이처럼 반드시 논리와 타당성으로 설득력을 갖춰야 한다. 이 때문에 역설이 역발상으로 이어질 수 있는 것이다. '모순 접목의 상상법'을 활용한 역설이 위대한 창조로 이어질 수 있는 이유는 누구도 생각조차 하지 못한 역발상의 상상을 할 수 있다는 데 있다.

이러한 역설의 '모순 접목 상상법'이 낳은 역발상이 실제 어떻게 활용되는가 보자. 다음은 〈이데일리〉 2008년 6월 23일자에 실린 기사다.

'현대중공업은 그동안 배는 무조건 물에서 만들어야 한다는 업계의 고정관념을 깨고 육상에서 배를 건조하는 '육상건조공법'을 생각해내 실행에 옮긴 결과 건조 능력을 획기적으로 증대시켰다.'

'배 건조+물'이라는 고정관념에서 벗어나 '배 건조+육지'라는 '모순 언어의 접목 상상'으로 역발상을 만들어 획기적인 변화를 이룬 것이다.

여준상 씨가 쓴 〈역발상 마케팅〉에 따르면 롯데 자일리톨은 기존 질서와는 다른 발상으로 껌을 약병에다 넣었다. 뿐만 아니라 자일리톨은 껌은 입냄새를 없애주지만 치아 건강에는 좋지 않다는 통념을 깨뜨렸다. 충치 예방에 탁월한 성분인 '후노란(해조 추출물)'과 'CPP(카제인 포스포 펩타이드·우유 단백질에서 분해)', 인산칼슘 등을 넣어 '자기 전에 씹는 껌', '양치 후에 씹는 껌'이라는 새로운 개념을 창조한 것이다. 껌의 의미와 사용 방법을 확실하게 바꾸어 놓을 수 있었던 것도 언어의 '모순 접목 상상법'을 통해 창출한 새로운 역발상이다.

'밥은 물이 있어야 된다'는 통념을 깨고 '물 없이도 밥을 해 먹을 수 있다'는 생각을 실현에 옮겨 등산 등 레포츠나 구호 활동 시에 줄만 잡아당기면 밥이 되도록 해 높은 판매고를 올리고 있는 '참맛'도 언어의 '모순 접목 상상법'을 동원한 역발상으로 새로운 개념을 창조했다.

이것만이 아니다. 모순 언어의 접목 상상법은 읽는 순서를 달리함으로써 새로움을 유발하기도 한다.

KT의 올레TV광고가 있다. 2009년인가 이 광고가 처음 나왔을 때는 영상 마지막에 '올레(Olleh)'하고 외치는 장면이 있었다. 이를 보고 우리 옆집 아이는 기분이 좋은 상태가 되면 '올레'하고 외치곤 했다. 올레라는 단어의 탄생비화도 단어의 읽는 순서를 달리한 '모순의 접목 상상법'에 기인했다.

KT의 통신 브랜드마케터에 따르면 올레의 탄생은 작은 아이디어 회의에서 시작됐다고 한다. 아이디어 회의에서 통신의 기본 성격은 상대에게 말을 거는 것이므로 'Hello'라는 슬로건이 나왔다. 'Hello KT'가 가장 쉽고 좋았으나 마치 '헬로 키티'라는 캐릭터로 불리는 것 같았다.

어쩔 수 없이 다른 슬로건을 찾아 난상토론을 벌였다. 'Hello'를 거꾸로 놓고 보니 'Olleh'였다. 마침 당시 제주도 올레길이 주목을 받고 있었고, '미래가 온다'는 뜻의 한자 올래(來)와 발음이 같았다. 더욱이 환호와 탄성을 나타내는 감탄사 등의 복합적 의미를 담고 있어 슬로건으로 최상의 단어였다.

글자는 왼쪽에서 오른쪽으로 읽는 것이 통념이고 상식이다. 이를 바꿔 비상식적 읽기를 시도하면 새로움을 창조하는 역발상이 될 수 있음을 보여주는 대표적인 사례라 할 수 있다. 단어 읽기의 '모순 접목 상상법'이다.

일본에서도 실제 단어 읽기의 '모순의 접목 상상법'을 활용해 자기 회사를 소개하는 곳이 있다. 호리바 제작소가 그 예다. 〈생각창조의 기술〉이라는 책을 보면 이 회사 팸플릿 제목이 'Abiroh'라고 돼 있다고 한다. 이 단어는 회사 이름 'Horiba'를 거꾸로 적은 것이다. 회사 내에서 바깥을 보면 회사의 간판이 밖에서 보는 것과 반대로 읽힌다는 데서 나온 아이디어라고 한다. 고객이라는 밖을 향해 일하려는 자세를 나타낸다고 하니 모순에서 고객을 생각하는 모습을 창조한 역발상의 예다.

하늘을 향해 지붕이 있어야 함에도 파주 유비파크 내에 있는 '거꾸로 하우스'는 지붕모양을 땅으로 내렸다. 이 또한 '모순의 접목 상상법'을 활용한 창조 아이디어다.

역발상은 창조를 낳는다. 역발상은 기존 언어 질서를 바꾸는 역설이라는 수사법과 접목 방법이 같다. 이는 그 상상법이 같음을 의미한다. '모순의 접목 상상법'을 알면 역발상은 쉽게 나에게 다가올 수 있는 것이다.

시원(詩源)한 생각놀이터

역설은 단어를 거꾸로 만들거나, 유사 특징 단어를 찾아 단어의 뜻을 거꾸로 사용하는 것이다. 특징이 '간다'라면 '온다'로 해보고, '물이 필요하다'라면 '물이 필요없다'로 해본다. 그리고 나서 그렇게 되려면 무엇을 어떻게 해야 하는지를 찾으면 된다. 또 글을 오른쪽에서 읽는 것이 우리의 상식이라면 왼쪽부터 읽어보라. 반대로 읽은 단어가 어떤 의미를 띠고 있는 경우가 있는지를 살펴보라. '아이디어'라는 단어는 '어디이아'가 된다. '아이디어가 필요하면 어디이야. 여기지'하면서 회사 이름을 적는다. 그러면 우리 회사 이름은 아이디어 회사 이름이 된다. 언어 질서를 뒤집는 방법이다.

1. 회사 이름이나 제품명을 쓰고 뒤집어 읽어보자. 어떤 의미가 잡히는가.

_____
_____
_____
_____

2. 회사 제품이 만들어지는 과정 중의 한 단어나 특징을 찾아본다. 이후 반대로 적어보고 어떻게 하면 그렇게 될지를 찾아본다.

_____
_____
_____
_____
_____
_____
_____
_____
_____
_____

기억해 두어야 할 '생각정리'

새로움을 창출하는 상상은 어떻게 하는 것일까? 우리 회사 제품을 이 방법으로 해보면 어떻게 될까?

접목의 공식
에스프레소형: 내가 주인이 되어 여러 손님을 초대하는 방식. 손님들의 여러 가지 특징을 내가 받아들이는 것. 여러 사람의 특징을 내가 마음대로 받아들이니 나는 얼마든지 변할 수 있다.

감초형: 내가 남의 집을 방문하는 것. 남의 집을 방문해 그 집 주인에게 내 장점을 넣어주는 일을 한다. 그러니 주인이 변화의 대상이지 내가 변화의 대상이 아니다.
우리 회사 제품을 '에스프레소형'과 '감초형'으로 나눠 다른 사물이나 자연과 접목해보자.

직유
시에서의 접목이나 융합은 주로 두 단어의 유사성을 찾아 연결한다. 컵과 필통의 유사점은? '담는다'는 기능이다. 필통 같은 컵, 컵 같은 필통이라는 직유가 나오는 까닭이다. 그러면 원래 컵이었는데 필통 기능을 가진 컵이 나올 수 있고, 원래 필통이었는데 컵의 기능을 가진 필통이 나올 수 있다.

은유

직유가 주로 유사성이 있는 것들의 연결이라면 은유는 '유사성이 없는 것의 연결'이라고 할 수 있다. 말하자면 유사성이 없는 두 사물을 강제로 유사성 있게 만드는 것이다. '책은 땅이다'라는 은유가 있다고 하자. 책과 땅의 유사성을 찾기란 쉽지 않다. 그럼에도 이런 은유적 표현이 가능한 것은 책은 지식이나 정보가 담긴 사물이고, 땅 역시 모든 자연물의 밭이 담긴 것이기에 가능하다. 이는 은유를 만든 작자가 강제로 '담겼다'는 의미를 만들어 연결한 결과다.

기이한 접목

눈에 보이게 유사성이 있지도 않고, 강제로 유사성을 만들 수도 없다. 무작정 연결하는 방법이다. 의미가 없다. 가져오는 사물이나 자연의 특징을 원래의 단어에 접목해 원래 단어가 어떻게 변할까를 생각하는 연결법이다.

모순

기존 질서에서 벗어나는 단어의 접목. 일부러 비정상과 비상식적인 문장을 만들어 고정관념을 깨는 역발상으로 활용한다.

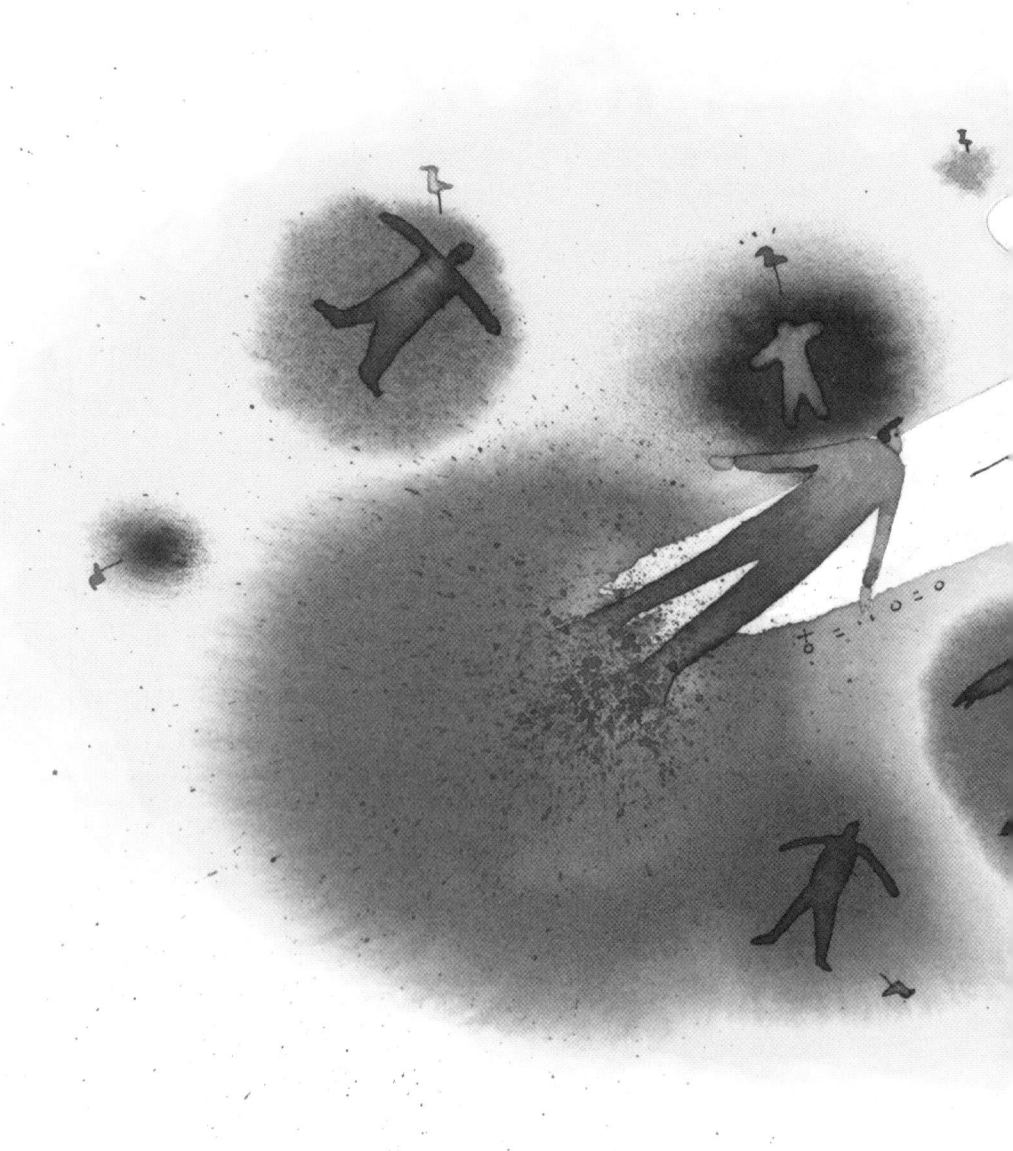

일상의 가치를 다시 발견하는 '깨달음의 방법'

4장

학생: 선생님, 고맙습니다. 이제 문제를 어떻게 풀어야 하는지 깨달았어요.

선생님: 그래, 앞으로 그런 방법을 잘 활용해서 문제를 풀도록 하거라.

문제: 학생이 한 말 중 '깨달았어요'를 대체할 수 낱말은 무엇일까?
1. 알았어요. 2. 몰랐어요. 3. 주었어요. 4. 짜증났어요.

유치원생들도 알 만한 문제지만 풀어보자.
잘 알다시피 답은 1번이다.

'깨달음'과 '앎'은 바꿔 써도 될 만큼 같은 의미로 많이 사용된다. 그럴 수밖에 없는 게 깨달음이란 단어가 '이리저리 생각하고 궁리하다 알게 되는 것'을 뜻하고 앎은 '아는 일'이니 깨달음 속에 앎이라는 의미가 포함돼 있기 때문이다.

시는 이러한 깨달음을 전하는 예술이라고 할 수 있다. 시는 한자로 시(詩)라고 쓴다. 이는 언(言)과 사(寺)의 합쳐진 글자다. 절이라는 곳은 옛날 도교의 수양 장소였다. 요즘도 절에서 스님들은 수양을 쌓는다. 수양을 쌓는 이유가 무엇인가. 깨달음을 얻기 위해서다. 그러니 사(寺)는 깨달음을 대신하는 말이다. 즉 시는 깨달음의 언어라는 사실에 도달한다.

그래서 발견이든 창조든 우리에게 새로운 깨달음을 전달하지 못하는 시는 시로서의 가치를 상실하게 된다.

깨달음이라고 해서 스님들이 면벽수도를 하면서 어떤 깊은 깨우침을 얻는 것만을 뜻하는 것은 아니다. 위의 문제에서처럼 몰랐던 것을 알게 되는 것도 깨달음이다.

깨달음은 우리 삶 속에 있다. 삶 자체가 깨달음의 연속이다. 우리가 태어나서 가장 먼저 하게 되는 소리가 무엇일까. 아마도 '엄마'라는 단어일 것이다.

엄마는 아이에게 '엄마'라는 단어를 수도 없이 많이 들려준다. 아이는 엄마의 입모양을 보고 흉내내보다가 얼마 후 드디어 '엄마'라는 말을 하게 된다. 엄마와 소리를 맞추는 것이다. 이럴 때 아이는 깨닫는다. '아, 이렇게 하면 엄마라는 단어가 나오는구나.' 이후 엄마라는 단어가 무엇을 의미하는지도 알게 된다.

이렇듯 우리 삶은 태어나면서부터 깨달음이 시작된다. 아이의 첫 깨달음의 과정을 보면 아이에게 우리말은 모국어가 아니라 모어(母語, mather tongue)라는 도올 김용옥 선생의 주장은 매우 타당하다.

그러면 시인들은 어떻게 깨달음에 도달할까. 시인들은 남다른 특성 갖고 있다. 시인들은 어린 아이처럼 호기심 많고 무엇이든 궁금하면 참지 못하는 성향을 갖고 있다. 동심과 호기심 덕분에 발견과 창조에 이르게 되는 것이다.

작은 깨달음이 모여
새 세상을 만든다

멀리 있는 것이 작아 보이고

가까이 있는 것이 커 보이는

원근법의 원리 이미 배웠지만

세상 안팎 두루 재보면

눈에 멀수록 더 가깝고 크게 보이는 경우도 있지요.

오늘처럼

멀리 있는 당신.

어느 날 문득 내게로 오는 것이

돈오돈수(頓悟頓修)의 유리 거울이라면

끊임없이 가 닿기 위해

나를 벗고 비우는 일이

원근보다 더 애달픈 사랑이라는 걸

마음의 액자 속에서

비로소 깨달은 오늘.

-고두현, 〈마음의 액자〉

  사랑. 참으로 묘한 것이다. 사람이 사랑을 하면 과학적 상식이 무너진다. 그동안 쌓아온 수많은 지식도 사랑하는 사람 앞에서는 한낱 종이 조각에 불과하다. 그러면서 새로운 눈이 떠진다. 사랑의 눈이다.
  사랑의 눈은 상식 밖에서 상식을 들여다보는 새로운 관점이 숨어 있다. 이 관점만 세상 밖으로 끌어낼 수 있다면 사랑은 엄청난 아이디어의 창고가 될 수도 있다.
  고두현 시인의 〈마음의 액자〉라는 시를 찾아보자. 시인은 누군가를 사랑한다. 그 때문에 '멀리 있는 것이 작아 보이고/가까이 있는 것이 커 보이는' 원근법의 과학적 상식이 무너진다.
  그러고는 '눈에 멀수록 더 가깝고 크게 보이는' 새로운 관점이 나타난다. 이것이 시인의 눈이다. 이와 같은 눈으로 세상 안팎을 두루 둘러보자 멀리 있어 볼 수 없는 사랑하는 사람을 만날 수 있는 방법이 떠오른다.
  그것은 사랑하는 사람을 마음으로 만나는 일이다. 사랑하는 사람을 내 마음속에 넣기 위해서는 마음속에 한켠을 비워내야 한다. 그래야만 그 자리에 사랑하는 사람을 만날 수 있는 마음의 자리가 생기게 된다.

멀리 있어도 사랑하는 사람을 더 가깝고 크게 볼 수 있는 방법. 이 방법을 시인은 어느 날 문득 발견한다. 이 발견으로 시인은 돈오돈수의 깨달음을 얻는다.

시의 내용을 매우 쉬운 일상 언어로 풀이하자면 '헤어지니까 더 보고 싶네'다. 시인은 그러면 '어떻게 할까'라는 물음에 대한 답을 하기 위해 '마음을 비우고, 그 비워진 마음속에 사랑하는 사람을 넣어보라'는 메시지를 전달하는 것이다.

'헤어지니까 보고 싶네'는 누구나 가질 수 있는 감정이다. 하지만 그 답은 아무나 찾지 못한다. 깨달음이 있어야 한다. 물론 시인이라고 금방 깨달을 수는 없다. 맨 마지막 구절에 '비로소'라는 시어를 사용한 것처럼 많은 생각 끝에 비로소 나온다.

우리는 '아, 그럴 수 있겠구나'라는 생각에 이르게 된다. 이처럼 그동안 별로 생각하지 않고 지나쳤던 데서 새로운 것을 알아냈을 때의 감정, 즉 '발견이 주는 감정'이 곧 깨달음이다.

사전에서 정의하는 깨달음이란, 어떤 일에 대해 이해하고 그 원리를 터득한 후 나타나는 심리작용이다. 그러니 학생들이 수학문제를 풀다가 해결방법을 찾았을 때도 깨달음이고, 이기적 삶을 살다 어느 날 갑자기 옆 사람이 보여 봉사를 시작하는 것도 깨달음이다.

웃음은 어떤가. 개그프로를 보면서 웃는 것은 내가 하지 못한 혹은 내가 생각하지 못했던 행동이나 반전에서 비롯된다. 이것도 깨달음이다.

어떤 사람이 영화를 봤다고 하자. 영화를 보고난 느낌이 '시간 가는 줄 몰랐다' '11,000원이 아깝다 않았다'라고 한다면 '영화가 재미있다'는 말이다. 여기서 말하는 '재미'에는 내가 잊고 지나쳤던 것 혹은 모르던 것을 새로 발견하고 깨달았다는 의미가 내포돼 있다.

동시에는 이런 깨달음이 많이 담겨 있다. 바람이 불어 풀꽃을 흔들리는 모습이 어린아이의 눈으로 보면 바람이 풀꽃의 어깨를 만져 주는 모습으로 변하기도 한다. 풀꽃의 체온도 재어보고, 풀꽃이 기대어 있게도 한다. 바람과 풀꽃의 관계를 새롭게 만들어 주는 얼마나 아름다운 발견인가.

이런 발견이 어떻게 이뤄졌을까. 시인은 바람과 풀꽃의 움직임에 주목했고, 아이의 마음으로 바람이 되어 보고, 풀꽃이 되어 보았다. 이렇게 시적 대상이 되어보니 바람이 부는 현상에 대해 새로운 의미를 찾게 된 것이다. 그러니 새로운 의미를 찾기 위해서는 아이의 마음으로 내가 대상이 되어보는 것이 매우 중요하다. 그래서 대상이 되어 대상이 느끼는 마음을 찾아보면 바람이 어머니의 마음을 갖게 되고, 풀꽃은 아기가 되어 바람에서 응석을 부리기도 한다. 바람과 풀꽃을 이렇게 생각하는 것은 우리가 알고 있던 것과는 전혀 다른 개념을 발견하는 깨달음이라고 할 수 있다.

어떤 동시는 엄청난 상상력으로 새로운 세상을 창조한다. 지구 사람들 모두가 힘을 합쳐 달에 밧줄을 매달고 끌면 끌려온단다. 그래서 지구와 합치면 땅이 넓어진단다. 달이 없어지면 금성을 끌고 와서 달에 있는 위치에 놓으면 된단다.

얼마나 웃기는 말인가. 어른이 이런 말을 하면 '미쳤다'고 할 것이다. 하지만 아이들은 이러한 상상을 실제로 하기도 한다.

시인은 왜 이런 상상을 하게 됐을까. 시에 표현된 것을 보면 '지구의 땅이 좁다고 싸우기 때문'이다. 아이들은 땅이 좁은지 넓은 지도 모르고 살았는데, 어른들이 땅이 좁다고 싸움을 한다. 그러면 아이들은 이 문제를 해결하기 위해 자기들 나름의 방법을 생각하게 되고 그에 따라 달을 끌어와서 지구를 넓히면 된다는 해결책을 마련한다. 아이들의 이 해결책이 바로 새로운 세상을 만드는 창조다.

이런 동시에는 시인의 깨달음이 곧 발견과 창조라는 사실을 알려준다. 이는 곧 시인들이 새로운 것을 발견하고 창조하는 방법이 깨달음과 직접적인 연관이 있음을 보여주는 것이다.

깨달음을 얻기 위해서는 어떻게 해야 할까. 끊임없이 의미부여의 방법을 생각하고 끊임없이 접목의 방법을 상상을 해야 한다.

그리고 나면 내가 무엇을 이뤘다는, 해냈다는 그 성취감에, 기쁘고 행복해진다. 그 행복감이 발견과 창조 작업을 재미있게 해주고, 또다시 발견이나 창조 작업에 나서게 한다.

깨달음을 얻고 재미를 느꼈다면 그 감정을 숨기지 말아야 한다. 기쁨의 소리도 외치고, 감동의 눈물도 흘려야 한다.

*깨달음의 방법1

감동하고 감탄사를 쏟아내라

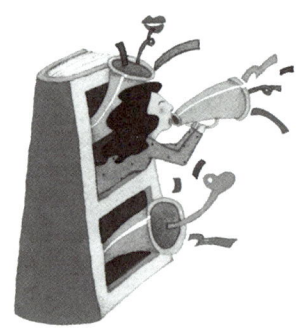

사람이 행복하기 위해서 가장 필요한 것이 무엇일까. 감동이다. 사람이 감동하면 인체에 베타 엔돌핀(β-Endorphin)이 생성된다고 한다. 잘 알다시피 베타 엔돌핀은 체내 암세포까지 죽이고, 인체의 젊음을 유지시켜 주는 일종의 행복 호르몬이다. 그래서 감동은 인간에게 활력의 모체이자 만병통치약이라고 할 수 있다.

감동은 자연스럽게 감탄을 만든다. '우와' '이야' '아' 등 감탄사는 감동이 낳은 자식이다. 감동 없는 감탄사는 존재하지 않는다.

감탄사는 남자보다 여자에게 더 많다. 왜 그럴까. 말 많이 하는 남성을 '촉새'라고 비난하는 사회 분위기가 영향을 미쳤을 것이다. 유교적 관념이 지배하는 사회에서 남자는 말을 많이 하지 말아야 하고 감정을 겉으로 드러내는 것도 극도로 자제해야 한다.

때문에 감정 절제에 익숙해 있는 남자들은 감탄사에 익숙하지 않다. 감탄사에 익숙하지 않으니 감동할 일이 있어도 극도로 자제한다. 그러다 보니 어떤 문제를 해결하고, 그 과정에서 발견을 하고 깨달음을 얻어도 기쁨을 표현하지 못했다. 그저 '술이나 한잔'하면서 풀어내는 게 전부였다.

사람을 향한 마음도 그러했다. 아버지의 사랑은 속사랑이라고 한다. 자식을 사랑하는 데 겉사랑이 어디 있고, 속사랑이 어디 있는가. 그냥 감정이 쏠리는 대로 사랑하면 되는 것이지. 그런데 아버지가 아이들을 겉으로 사랑하면 아이들 버릇이 없어진다면서 사랑을 겉으로 표현하지 않는다. 물론 지금은 많이 달라졌지만 아직도 이런 사회적 관념이 사라지지 않고 있다.

그러니 남자들에게는 감동이 가져다주는 베타 엔돌핀의 생성이 그만큼 적을 수밖에 없다. 엔돌핀 생성이 적으니 우리나라 남성의 수명이 여성보다 짧은 것이다.

감동의 대립어는 스트레스다. 스트레스가 많으면 감동이 줄어든다. 몸이 바짝 긴장해 있기 때문에 웬만한 일에는 느낌도 없다. 감동받을 일이 그만큼 적어지는 것이다. 감동이 없으면 스트레스가 쌓이고 스트레스가 많아지면 엔돌핀 생성이 적어져 빨리 죽는다. 그리고 보면 감동이라는 단어의 힘이 얼마나 큰지 알 수 있다.

반면 여성은 생리적으로 감동과 친하다. 감탄사를 쉽게 연발하는 이유도 여기에 있다. 남편이 퇴근길에 꽃 한 송이만 사다 줘도 감동한다. 그리곤 '어머, 예뻐라!'하며 감탄을 쏟아낸다.

특히 어머니가 되면 감동의 농도는 더욱 짙어진다. 아이의 작은 변화에도 감동을 받는다. 아이가 그냥 웃기만 해도 천사의 웃음이라고 하고, 옹알이를 듣고는 말을 했다고 감동한다. 연필을 들고 놀다가 그림 비슷한 모양 나오면 혹시 우리 아이가 미술의 천재 아닌가 하고 호들갑을 떤다. 물론 엄마만의 행복한 착각인 경우가 대부분이지만 말이다. 김정운의 〈나는 아내와의 결혼을 후회한다〉라는 책에서 이러한 남자와 여자의 심리상태를 잘 보여주고 있다.

우리 집 작은 애가 초등학교 1학년 때다. 아이가 동시를 썼다며 엄마에게 보여준 모양이다. 그 시를 본 아내는 천재시인이 났다며 칭찬을 아끼지 않았다. 그 시를 옮겨본다.

"매미가 울고 있어요/나무에서 울고 있어요/나무에서 떨어질까 봐, 매미가 울고 있어요" 매미가 우는 이유를 '나무에서 떨어질까 봐'라고 한 것이다. 얼마나 신선한, 아이들만의 관점인가.

나는 그 동시를 보고는 다른 제목을 주고 생각날 때마다 써보라고 했다. 그리고 며칠 후 아이가 쓴 것을 들여다보니 별 내용이 없었다. 매미라는 동시는 자신의 것이 아니었던 모양이다. 아이에게 물었다. "정말 네가 쓴 거야?" 아이는 대답은 "다른 데서 본 것을 조금 고쳐서 쓴 건데."

아이 엄마는 전후좌우 살피지 않고 천재시인 나왔다고 호들갑을 떤 것이다.

객관적으로 그리 뛰어난 외모가 아니어도 어머니에게는 자신의 아이가 세상에서 제일 잘 생긴 아이로 착각한다. 그만큼 어머니는 작은 것에도 감동을 많이 한다는 증거다. 그 감동이 아이를 더욱 사랑하게 하고 정성을 다해 키우는 원동력으로 작용하는 것이다.

성낙희 시인의 〈아기를 안고〉라는 시에는 아기를 안으면 달무리, 해무리의 실핏줄 속까지도 수런거린다는 대목이 나온다. 어머니의 행복한 마음이 드러난 '감동의 과장'이다. 이러한 과장의 감동이 이어지면 아기는 별이 됐다가, 바람이 되기도 한다. 얼었던 땅도 아지랑이 천지가 되어 생기를 드러내는 힘이 되기도 한다. 대단한 힘 아닌가. 어머니의 감동은 이처럼 세상을 아름답게 변화시키는 힘으로 일어선다.

그 힘은 어머니의 감동이 아이들의 그것을 닮아 있다는 데서 비롯된다. 아이들은 작은 벌레만 봐도 '와~'하고 감탄한다. 비가 오면 '와, 비다!' 하면서 창문을 열고 비 오는 모습을 보기도 하고, 비 온 뒤 지렁이라도 볼라치면 너나 할 것 없이 몰려가 감탄을 하면서 관찰한다. 겨울에 눈이 오면 뛰어나가 추운 줄도 모르고 좋아한다.

남자들이 나이가 들면서 잃어버리는 것은 바로 이런 작은 상황에 대한 감동이다. 생각해보라. 감동을 하고 감탄사를 쏟아낸 게 언제인가.

하지만 여자들은 아이들을 감탄하며 키웠기 때문에 나이가 들어도 그나마 아이들과 통하는 정서가 오래도록 남아 있다. 그러니 아이들만큼은 아니어도 남자보다는 훨씬 많은 감동과 감탄을 하게 되는 것이다.

아이가 성장해 동심이 사라지기 시작하면 여자도 감동과 감탄이 많이 사라지게 된다. 접촉성 감탄 기회가 그만큼 적어지기 때문이다.

감동과 감탄을 잘하려면 아이들과 함께 보내는 시간이 많아야 한다. 주위에 아이가 없으면 주변 아이들이 노는 모습을 지켜보기라도 해야 한다. 그래야 아이들의 고운 감성이 나에게 접촉되어 감동과 감탄을 간직할 수 있다.

시원(詩源)한 생각놀이터

1. 내가 기억하고 있는 감탄사를 적고 읽어본다. 그 감탄사를 가족이나 동료 중 누구에게라도 대화 중에 사용해 본다. 감탄사를 사용해 보지 않은 사람은 어색하지만 해보면 기분이 달라진다. 상대가 이상하게 생각할 수도 있다. 그렇지만 그들도 기분이 좋을 게 틀림없다. 자신이 한 얘기에 감동하고 감탄사를 날려주는 데 싫어할 사람은 없다. 물론 상대가 '오늘 왜 그래. 뭔 일 있어'라고 물어볼 수도 있다. 그럴 때는 '내가 달라지려고 책에 나온 내용을 실천 중'이라고 말하라. 그럼 생각나는 감탄사를 적고 읽어보자.

----

2. 이번에는 표정까지 바꾸면서 적었던 감탄사를 읽어보자. 그리고 그 느낌을 적어보자. 이것이 습관이 되면 누구나 당신을 좋아하게 될 것이다.

----

*깨달음의 방법2
동심과 호기심을 되찾아라

 2017년 9월 세상을 떠난 노 시인이 있다. 정진규 시인이다. 몸과 생명을 사유하며 깨달음의 시학을 보여준 그가 쓴 '비누'에 대해 쓴 시가 있다. 비누가 존재하는 이유는 사람의 몸을 씻어낼 수 있기 때문이다. 아니라고 말할 사람은 아무도 없다. 모두 그렇게 알고 살아왔고, 사실이 그렇다.

 그런데 시인은 어느 날 비누를 사용하다가 비누가 점점 작아져 있는 모습에 주목한다. 그러면서 '왜 비누가 작아졌지?'라는 질문을 한다. 이윽고 '그러고 보니 나도 비누의 몸을 닦아주고 있었네'라는 생각에 이르게 된다. 우리가 그동안 비누를 사용하면서도 한 번도 생각해보지 못했던 새로운 사실의 발견이고 깨달은 것이다.

시인은 이 사실을 알고 난 후 눈물이 날 정도로 기뻐한다. '비누가 나를 씻어주는 게 아니라 나도 비누를 씻어주고 있다'는 발견 하나에 기뻐서 눈물까지 난단다. 1939년생이었던 시인의 이런 모습을 보면 누군가는 '노인네가 주책맞다'고 했을 수도 있다. 하지만 이것이 노시인의 마음이었다. 시인이 시를 쓰는 이유이기도 했다.

자, 여기서 우리는 시인에게 존재하는 매우 중요한 두 가지의 특성을 알게 된다. 하나는 시인의 마음이다. 그는 '철없는' 동심을 늙은 나이에도 간직하고 있었다. 다른 하나는 '왜 비누가 작아졌지?'라는 호기심이 관찰을 하도록 유도했다는 점이다. 그 결과 '나도 비누를 씻어주고 있다'는 발견에 도달한 것이다.

나무는 땅에서 사니 나뭇잎이 떨어지는 곳은 땅이다. 그런데 나뭇잎 하나가 땅으로 떨어지지 않고 바람에 날려 바다에 닿았다면 어떨까.

바다 속에서는 난리가 났을지도 모른다. 바다 속 물고기들은 한 번도 보지 못한 물고기가 헤엄치고 있으니 말이다. 물고기들이 몰려들어 나뭇잎 색깔과 비슷한 물고기를 들먹이며 누구의 친척일 것이라는 등의 갖가지 추측을 할 수도 있겠다.

추필숙 시인의 〈나뭇잎물고기〉라는 동시의 내용이다. 참으로 재미있는 발상 아닌가. 왜 자기들이 사는 바다에 나뭇잎 하나 떨어졌다고 이리도 난리를 피울까. 호기심 때문이다. 그러니 이 동시는 아이들의 호기심을 잘 표현한 작품이다.

보통 창의력이나 상상력을 말하면서 호기심이나 동심을 가지라는 말을 많이 한다. 말은 알겠는데 실제로 하려면 되지 않는다. 실생활 속에서 어떻게 적용해야 하는지 전혀 떠오르지 않은 탓이다. 이럴 때는 동시 읽기를 추천한다. 동시를 읽으면 자연스럽게 잃어버렸던 동심을 되살아나고, 사물에 대한 새로운 관점이 생기게 된다.

논리는
상상을 죽인다

고추잠자리는 꼬리가 빨갛다. 누구나 아는 사실이다. 그런데 왜 빨간가? 느닷없이 물어보면 대답하기 곤란하다. 고추잠자리 수컷은 성장하면서 짝짓기를 위해 꼬리가 빨갛게 변하는데 체내 색소의 화학반응 때문이라고 한다.

이처럼 고추잠자리의 꼬리가 빨간 이유를 과학적으로 설명하려면 논리가 필요하다. 그러나 아이들에게는 논리가 필요 없다. 그냥 '우리 집 고추장 훔쳐 먹어서?'다. 지식에 의한, 과학적이고 이성에 의한 답을 버리면 새로운 상상을 할 수 있다.

사실 동심이란 이렇게 기존 논리를 버리는 것이다. 주변에서 동심이 필요하다고 얘기하는데 나이든 사람이 어린아이로 되돌아갈 수도 없고 어떻게 동심을 가질 수 있겠는가. 그러니 동심을 가지라는 말은 아이가 되라는 말이 아니라 그동안 어른이 되면서 몸과 정신 속으로 들어온 지식과 이성적 논리를 버리라는 얘기다. 그러면 동심처럼 많은 상상을 할 수 있기 때문이다.

어느 아이가 시험문제를 풀고 있었다. '부모님은 왜 우리를 사랑하실까요?'가 문제다. 답이 뭐라고 생각하는가. 문제를 푸는 아이의 답이 기상천외하다. '그러게나 말입니다.'

어른의 지식과 논리로는 나올 수 없는 답이다. 이런 답이 곧 새로운 생각을 찾아내는 기초가 된다.

논리는 상상을 죽인다. 논리는 상상을 기술적으로 실현시킬 때 쓰인다. 그러니 상상이 이뤄지려면 논리가 반드시 필요하기는 하다.

하지만 '논리가 먼저냐, 상상이 먼저냐' 물으면 당연히 상상이 먼저다. 무엇이가 창조하려면 상상이 먼저 나와야 한다. 상상을 논리로 억제하면 결코 상상이 꽃 피울 수 없다.

아이가 자라면서 이성적 판단 속에 자신의 생각을 묻어 버리고 논리를 앞세우며 상상을 하지 않는 것을 경계해야 한다. 아이들의 상상이 황당하다고 무시해서는 안 된다. 현재 기술로는 결코 이루어질 수 없는 것이라 해도 아이들의 상상을 북돋워줘야 한다. 그러면서 어른도 스스로 아이의 상상을 잃어버리지 않도록 해야 한다.

어른들은 익숙한 사실은 당연한 것으로 여기지만 아이들은 어른에게 익숙한 것을 상식 밖에서 들여다보며 낯설게 만든다. 기존의 사물을 낯설게 하는 것, 이것이 발견과 창조의 기초다.

아이들은 어떻게 기존 사물을 낯설게 하는 것일까. 엉뚱한 접목이다. 아니, 기막힌 접목이다. 박제천 시인의 동시도 '고추잠자리+고추장=고추잠자리 꼬리 빨갛다'로 이어진다. 어른이 되면 고추잠자리와 고추장을 연결시키지 못한다. 상식으로는 도무지 있을 수 없는 일인 탓이다. 상식 속에 얽매여 있는 어른의 머리로는 애초에 불가능한 상상이다.

한 가족이 차를 타고 소풍을 갔다. 아들이 아빠에게 물었다.
"아빠, 자동차 바퀴는 어떻게 돌아가는 거야?" 아빠는 자신이 배운 대로 복잡하게 설명했다.
"연료가 연소되면서 발생하는 열에너지를 기계에너지로 바꿔 자동차가 움직이는 데 필요한 동력을 얻는데, 후륜은 클러치-변속기-추진추-액셀축-후차륜 순서로 동력을 전달해 자동차를 움직인단다……."
아들이 고개를 갸우뚱하더니 이번에는 엄마에게 물었다.
"엄마, 자동차 바퀴는 어떻게 돌아가는 거야?"
그러자 엄마는 단 한마디로 대답했다.
"응. 빙글빙글"

유영만 교수가 쓴 〈상상하여? 창조하라!〉에 나오는 이야기다. 아이의 질문에 대한 아빠의 답은 지극히 이성적이다. 상식적이라는 얘기다. 하지만 아이는 그런 답을 원하는 게 아니다. 그냥 '빙글빙글'이면 족하다. 이 '빙글빙글'이라는 단어는 상식으로는 불가능한 답이다. 엄마는 동심으로 대답했기에 아이와 통하는 대답을 한 것이다.

어른이 보기에 얼마나 싱겁고 허망한 답인가. 상식 밖의 대답이기 때문이다. 하지만 아이들을 이해시키는 데는 이처럼 상식 밖의 답이 매우 적합하다. 논리적으로 설명이 길면 지루하지만 간단한 해답은 재미있고 즐겁다.

아이들은 이 대답을 기초로 계속 상상하고 상상한다. '세상도 빙글빙글', '나이도 빙글빙글', '글자도 빙글빙글'하면서 '빙글빙글'이라는 글자와 다른 것을 연결한다. 실제 아이들은 재미있게 배운 것을 곧바로 다른 곳에 활용하는 성향을 보이기도 한다. 상식 밖의 대답이 상상력을 키워주는 것이다.

어른도 상상력을 키우려면 우선 상식 밖으로 나와야 한다. 시인들은 동심의 세계를 잘 간직하고 있는 사람들이다.

이제 시인처럼 동심의 세계로 돌아가 보자. 내가 알고 있는 기존의 지식과 상식을 버리고 아이들처럼 상식 밖에서 기존 사물을 들여다보고, 엉뚱하지만 기막힌 접목을 시도해 보자. 상상력이 차츰 향상될 것이다. 동심의 상상력이 아이디어맨으로 만들어줄 것이다.

호기심이 없으면
'살아있는 시체'

나이가 들면 대부분 호기심이 없어진다. 나이 들어도 줄어들지 않는 호기심은 이성에 대한 호기심뿐이다. 그나마도 나이가 더 들면 잠잠해져 버린다.

나이가 들면 대부분의 일을 '그러려니' 하고 넘어간다. '뭐야?'하는 호기심보다 '그저 그런 거겠지'라는 짐작하고 넘어가고, '왜 그런 거지?'라는 궁금증보다 '별거 아니야'하며 스스로 답하고 넘어간다.

끊임없이 궁금하고, 끊임없이 호기심이 일어야 사는 게 재미있고 새로움을 추구할 수 있는데 궁금증이 없어지고, 호기심도 사라지니 사는 데 생기가 없어진다.

호기심은 사람에게 생기를 준다. 아이들은 무척 생기발랄하다. 그 이유가 궁금증이 많고, 호기심이 많기 때문이다. 아이들은 쉬지 않고 물어본다. 그만큼 궁금한 게 많은 것이다.

사실 호기심이 없는 삶을 사는 사람은 살아 있는 게 아니다. 호기심이 없으면 목표를 잃어버린다. 목표가 없는 몸에는 도전정신이 떠난다. 무엇인가를 개척하려는 마음이 사라지는 것이다. 생기발랄할 수가 없다. 어찌 살았다고 할 것인가. '살아있는 시체' 아닌가.

생(生)이라는 단어가 주는 의미는 '날'이다. 날은 '태어난다'의 의미도 있지만 날것(raw)이라는 뜻도 있다. 이 '날것'은 '비어 있음'과 통한다. 그래서 순수하고 깨끗한 마음을 소유한 아이들은 항상 무엇을 자기 몸과 마음에 담으려고 한다. 그것이 호기심으로 나타난다.

호기심은 그래서 채움의 미학을 알려주기도 한다. 채움은 결핍이 있을 때 나타나는 현상이다. 모르고 있기에 채우고 싶어하고 채우고 싶어하는 마음이 호기심으로 표현된다. 그러니 모르는 것을 알고 싶어 하는 '호기심'은 결핍에서 오는 감정이다.

결핍을 해결하려면 채워야 한다. 채우려면 움직임이 있어야 한다. 움직임이 결핍을 해결하는 방법이다. 그러니 결핍을 느끼고, 그 결핍을 해결하기 위해 움직임을 추구하는 것이 바로 호기심이 주는 긍정적인 면이다.

생기와 동사적 움직임이 호기심에서 나오기에 호기심은 어른에게도 매우 필요한 삶의 요소다. 늙었다고 움직임 없이 목적 없이 살 수는 없지 않은가.

더욱이 호기심은 상상력을 키워주는 좋은 디딤돌이 된다.

어떤 아이가 엄마와 버스를 타고 어디를 가다가 창밖으로 보이는 화장품 가게를 보고 물었다.

"엄마, 화장품은 어떻게 만들어?"

"응. 그건"하면서 어쩌고 저쩌고 한참 말을 했다. 아이는 고개를 갸웃했다.

그러다가 조금 후 다시 물었다.

"엄마, 차에서 시원한 바람이 어떻게 나와?"

엄마는 또 대답해 주려고 노력했다.

이후 아이가 몇 번의 질문을 더하자 이번에는 엄마가 작고도 매우 화난 목소리로 말했다.

"너, 한번만 더 물어보면 가만 안 둔다."

아이의 호기심을 논리적으로 설명하려다 보니 힘들어진다. 당신 같으면 어떻게 답할 것인가. '자동차 바퀴가 어떻게 굴러가는가'하는 아이의 질문에 엄마가 '빙글빙글'이라고 한 것처럼 화장품이 어떻게 만들어지는지 생각해 보라.

호기심에는 두 가지가 있다. 첫째 '욕망의 호기심'이다.

바비 인형으로 유명한 미국의 마텔 사가 '욕망의 호기심'을 잘 설명해 준다. 알다시피 바비 인형은 세계에서 가장 많이 팔리는 인형이다. 인형은 원래 아이들의 전유물이었다. 하지만 마텔 사는 아이뿐 아니라 어른들이 사는 인형을 만들었다. 마텔 사가 바비 인형을 만든 지 근 60년이 되는 지금도 세계 최고의 인형회사로 자리 잡고 있는 이유다.

'인형을 가지려는 소녀들은 무의식적으로 인형에서 자신의 이상적인 모습을 보려한다.' 마텔 사는 처음 인형을 만들면서 이러한 사실을 조사에 의해 찾아냈다.

그리하여 마텔 사는 자사에서 만든 인형이 소녀들의 이상형이 될 만큼 얼짱, 몸짱의 인형을 만들어냈다. 소녀들의 무의식을 자극하기 위함이었다.

하지만 바비 인형이 어린아이 고객에 만족했다면 지금의 마텔 사는 없었을지도 모른다. 마텔 사는 이런 생각을 했다. '소녀들이 인형에서 자신의 이상적인 모습을 찾으려 한다면 어른들도 마찬가지일 것이다. 그러니 바비 인형을 어른들도 사게 하자.'

회사는 '나도 저 인형처럼 아름다워지고 싶다'는 욕망을 자극해 인형을 사서 다이어트 유도제로 쓰도록 했다. 실제로 어른들이 바비 인형을 사기 시작했다. 지금 전 세계에서 팔리고 있는 바비 인형의 상당수는 어른들이 사는 것이다.

두 번째는 '궁금의 호기심'이다. 주로 아이들이 갖는 호기심으로, 대부분은 궁금한 것을 알기 위한 생각에서 출발한다.

아이들이 놀이동산에 가서 청룡열차를 탔다고 하자. 처음에는 '과연 저 열차를 타도 괜찮을까'하는 '궁금의 호기심'이 작동한다. 한 아이가 실제 타보니 중간 중간 비명을 지를 만큼 무섭고 두려웠지만 청룡열차에서 내리는 순간, 무서움과 두려움이 사라지면서 '해냈다'는 감정과 '재미있다'는 느낌이 다가오면서 '우와'라는 감탄사가 나온다.

'욕망의 호기심'과 '궁금증의 호기심'이 따로 떨어진 것은 아니다. 청룡열차를 타는 모습을 본 다른 아이들도 '나도 청룡열차를 타고 싶다'는 '욕망의 호기심'이 발동해 마침내 청룡열차를 타게 된다. 자신은 무서워서 못 탈 것이라는 예상을 뒤엎고 다른 아이가 타는 모습에서 호기심이 발동하는 것이다.

요즘 개인방송이나 유튜브에 동영상을 올리는 이유는 욕망의 호기심과 궁금증의 호기심의 연결 관계를 잘 설명한다. 영상은 원래 전문가가 만든다. 방송사에는 촬영기자와 편집자가 별도로 있다.

하지만 영상에 필요한 주변 기기가 발달하고 대중화하면서 언제부턴가 사람들이 간단하게 영상을 만들게 됐다. 이 과정에는 '나도 과연 할 수 있을까' '이런 기기로 영상을 만들 수도 있을까' 하는 '궁금의 호기심', 그리고 '나도 영상을 만들고 싶다'는 '욕망의 호기심'이 합쳐졌다. 마침내 UCC가 탄생한 것이다.

남의 행동을 엿본다는 '궁금의 호기심'이 발동하면서 사람들은 UCC를 보게 됐고, 나아가 '욕망의 호기심'에 의해 스스로도 UCC를 제작했다. 이렇게 해서 지금처럼 UCC가 여러 매개체를 통해 방영할 수 있게 됐다.

앞으로도 궁금증의 호기심과 욕망의 호기심을 연결한 상품이나 서비스는 더욱 각광을 받게 될 것이다.

몸을 움직이면,
생각도 움직인다

　아이들을 보면 정말 저 에너지가 어디서 나올까 궁금할 때가 있다. 아이들은 끊임없이 몸을 움직인다. 몸을 움직인다는 것은 끊임없이 뇌 활동을 하고 있다는 얘기다.

　사실 세상에 살아 있는 모든 생명체는 움직임이 있다. 그래서 삶은 동사(動詞)다. 겉으로는 가만히 있는 듯해도 안으로는 엄청나게 움직인다. 호숫가의 백조가 그러하듯, 움직임이 살아 있음을 증명하는 단어가 되는 것이다.

　움직임은 의도가 있어야 나타나는 현상이다. 저절로 움직이는 것은 없다. 피가 돌고 내장이 움직이는 것도 모두 뇌에서 죽지 않기 위해 시킨 일이다.

　내가 팔과 다리를 움직이는 것도 의도에 의해 일어나고, 공부를 하는 것도 회사에 출근하는 것도 의도에 의해서 이뤄진다. 물론 새롭지 않은 사물을 새롭게 보려는 노력도 의도에서 비롯된다.

움직임은 변화다. 변화에는 두 가지가 있다. 하나는 저절로 나타나는 변화고, 다른 하나는 의도적 변화다. 저절로 나타나는 변화는 '썩는 것' 하나밖에 없다. 생명체가 죽어 움직임이 없을 때 나타나는 변화 현상이 부패다. 그러니 변화는 의도적인 움직임의 다른 말이다.

주역 계사하전 2장에는 공자의 말을 인용해 이런 글이 써져 있다. '역궁즉변 변즉통 통즉구 시이자천우지 길무불이(易窮則變 變則通 通則久 是以自天佑之 吉无不利)' 궁극에 도달하면 변하고, 변하면 통하고, 통하면 오래간다. 그런 까닭에 하늘이 이를 도우니 길하여 이롭지 않은 것이 없다는 말이다. 우리가 얘기하는 '궁하면 통한다'의 궁즉통(窮則通)이 여기서 나왔다.

여기서 '궁즉변(窮則變) 변즉통(變則通)'의 의미를 잘 살펴야 한다. 궁하다고 저절로 변화가 일어나는 게 아니다. 궁을 뚫기 위해서는 스스로 변해야 한다. 즉 의도적 행동이 있어야 한다. 즉 이 말은 '궁즉의변(窮則意變) 의변즉통(意變則通)'이 된다는 것을 의미한다.

또 자신은 가만히 있는데 세상과 저절로 통할 수 있는 게 아니다. 의도적으로 움직임을 꾀해 궁함을 뚫고 나가야 통할 수 있는 것이다. 공자는 이처럼 의도적 움직임의 변화가 있어야 세상과의 통함이 오래간다고 말한 것이다.

초등학교 선생님이 학생들과 산에 올라갔다. 아이들은 산 아래를 내려다보면서 '학교가 다 보여요'라고 좋아했다. 우리는 항상 학교 울타리 안에서만 본다. 관찰을 해도 부분만 보지 전체를 는다는 말이다.

그러나 전체를 보기 위해 산 위로 움직였을 때는 산 아래에서 부분만 보던 것과는 엄청난 차이가 나타난다. 학교가 나뭇잎으로 가려질 만큼 작아져 보이고 아이들이 운동장에서 뛰는 모습도 점처럼 보인다.

하늘에서 땅을 본다
넘을 수 없던 벽들이며 바위들은
평평해져 땅에 묻히고

머리카락만한 차이에도
달리 보이던 사람들은
작아져서 땅에 묻힌다

크고 부러운 것들 사이에 끼어
보이지도 않던 나의 영혼아
가슴을 펴려무나

　　　　　-장태평, 〈하늘에서 보는 세상〉

세상을 살다보면 넘을 수 없는 벽이 너무 많다. 그러나 그 벽들도 내가 하늘로 올라가면 평평해 보일 뿐이다. 나보다 엄청 커 보이고 훌륭해 보이던 사람들도 작아져서 보이지도 않는다. 누구나 아는 내용이다. 하지만 삶이 힘들 때, 어려울 때 이런 깨달음을 바탕으로 스스로에게 '가슴을 펴라'고 용기를 주는 것은 그리 쉬운 일이 아니다.

몸을 움직이자 평소와 다른 이런 차이를 알 수 있게 되었다. 공자의 말로 하자면 의변즉통(意變則通)하니 그동안 보지 못했던 새로운 사실을 보게 된 것이다.

시인은 여기서 내 앞에 닥친 문제를 스스로 해결하는 방법을 알려주고 있다. '하늘에서 땅을 본다'는 시구에서 내가 늘 있던 장소를 벗어나 다른 장소로 여행을 해보라는 의미를 찾을 수 있기 때문이다. '그곳이 어디든 움직여라. 그리하여 벗어나라. 새로운 세상이 나의 영혼에 용기를 줄 것이다.' 이것이 시인이 하고자 하는 말이다.

시원(詩源)한 생각놀이터

1. 아이들처럼 호기심이 많아지려면 잘 봐야 한다. 내가 무엇을 봤는지를 마음으로 생각해보라. 이제 본 것에 물음표를 달아본다. 왜 그렇지? 답을 찾을 때는 자신이 가지고 있는 과학적 지식이나 이성적인 판단에 의한 답을 버리고 생각해보라.

아이에게 질문을 했다. "어머니가 잠자리에 드실려고 한다. 어머님에게 어떤 말을 하면 좋을까?" 아이의 대답이 뭘까? "어머니 왜 잠자리를 드시나요?"다. 잠을 자기 위한 행동을 곤충 잠자리로 생각해 답한 것이다. 이런 엉뚱함이 필요하다.

우리가 요즘 사용하는 말 중 아재개그라는 말이 있다. 아재개그는 난이의 유사성을 활용한 유희다. 이 놀이를 잘 하는 사람은 단어의 유사성을 잘 찾는 장점을 가진 것이나. 아무나 쉽게 유사성을 찾지 못한다. 그래서 아재개그도 어렵다. 아재개그라고 무시해서는 안 되는 이유가 여기에 있다. 이런 것도 과학이나 상식에 벗어나는 답이 될 수 있다.

자, 그럼 오늘 자신이 본 것들을 생각해보자. 그리고 적어보자. 나무를 봤으면 '나무가 서있는 것을 봤다'로 적는다. 그리고 '왜'를 달아본다. '나무는 왜 서 있지?' 이에 대한 답은 아이들처럼 엉뚱하고 황당한 답을 찾아보라.

2. 아무 문장이나 쓰고 그 문장에 있는 단어 중 아재개그로 활용될 만한 단어를 찾아 아재개그를 써보자. 아재개그를 쓰는 이유가 유사성 찾기 연습임을 잊지 말자. 이제 아재개그 문장을 주변 사람들과 공유해본다.

기억해 두어야 할 '생각정리'

시인들은 어떻게 깨달음에 도달할까. 시인들은 어린 아이처럼 호기심 많고 무엇이든 궁금하면 참지 못하는 성향을 갖고 있다. 이런 동심과 호기심 덕분에 발견과 창조에 이르는 토대가 된다.

*깨달음의 방법 1 감동하고 감탄사를 쏟아내라
 감동은 인간에게 활력의 모체이자 만병통치약이라고 할 수 있다.
 감동은 자연스럽게 감탄을 만든다. '우와' '이야' '아' 등 감탄사는 감동이 낳은 자식이다. 감동 없는 감탄사는 존재하지 않는다.

*깨달음 방법 2 동심과 호기심을 되찾아라
동심의 세계로 돌아가 보자. 내가 알고 있는 기존의 지식과 상식을 버리고 아이들처럼 상식 밖에서 기존 사물을 들여다보고, 엉뚱하지만 기막힌 접목을 시도해 보자. 상상력이 차츰 향상될 것이다.

*논리는 상상을 죽인다
어른들은 익숙한 사실은 당연한 것으로 여기지만 아이들은 어른에게 익숙한 것을 상식 밖에서 들여나보며 낯설게 만든다. 기존의 사물을 낯설게 하는 것, 이것이 발견과 창조의 기초다.

*호기심이 없으면 '살아있는 시체'
'호기심'은 움직임을 동반한다. 늙었다고 움직임 없이, 목적 없이 산다면 사는 것이 아니다. 호기심은 궁금함을 해결하고 욕망을 채우려는 움직임이 따른다. 따라서 살아 있는 시체가 되지 않으려면 끊임없이 호기심을 가져야 한다.

*몸을 움직이면, 생각도 움직인다
자신은 가만히 있는데 세상과 저절로 통할 수 있는 게 아니다. 의도적으로 움직임을 꾀해 궁함을 뚫고 나가야 통할 수 있는 것이다.

시에서 경영아이디어를 훔치다

5장

어느 날 한 딸이 자기 어머니와 TV를 보고 있었다. 마침 프로그램에서 JYP엔터테인먼트가 나왔단다. 어머니 왈 "저게 뭐니?" 그래서 딸은 어머니에게 무엇을 하는 곳인지 알려드렸단다. 어머니는 또 "근데 이름이 왜 JYP니?"라고 물으셨다. 젊은이가 "그 회사 사장님 이름을 딴 것"이라고 대답했다. 그러자 어머니는 "그럼 조용필(Jo YongPil)? 이야" 하시더란다. 이 말을 들은 딸의 머리는 잠깐 지구를 떠났다 왔다고 한다. '롤리카페짱'이라는 별칭을 가진 여성의 사이트에서 본 내용이다.

어디 이뿐인가. 초등학생끼리도 세대 차이를 느끼고, 유치원생과 초등학생의 세대 차이도 크다고 한다. 더욱이 쌍둥이도 1분 차이 때문에 세대 차이를 느낀다는 우스갯소리까지 나오고 있는 실정이다.

세대 차이를 느낀다는 것은 그만큼 소통이 안 되고 있다는 얘기다. 소통은 사람들 사이에 뜻이 맞아 막힘이 없는 것을 말한다.

시에는 소통 방법이 잘 담겨 있다. 시는 상대와의 소통 이전에 자신의 내면을 밖으로 드러내고, 그로 인해 자신과 소통을 하고자 하는 수단이다. 자신과의 소통이 이뤄진 후에는 자신이 발견하고 창조한 새로운 이미지를 다른 사람에게 보여줌으로써 다른 사람에게 자신의 세계를 인정받고 함께 삶을 점검하는 수단으로 활용되기도 한다.

시는 이처럼 누구도 쉽게 하지 않는 자기와의 소통을 먼저 한 후 남과의 소통을 이루기 때문에 세상을 사는 소통법이 담겨 있는 것이다.

그럴 수밖에 없는 것이 시는 새로운 이미지 창출을 기본으로 한다. 이미지 창출이 '너와 나'를 잇는 세대 간 혹은 생산자와 판매자, 그리고 소비자를 잇는 소통의 방법이 된다. 그래서 시에서 새롭게 창출되는 수많은 이미지는 곧 소통법이자 경영방식이라고 할 수 있는 것이다.

시에서는 어떤 새로운 경영방식을 찾아내 소통방법으로 활용할 수 있는지 그 숨은 속살을 들여다보자.

지혜와 소통을 얻는
공경영(空經營)

기자 생활 할 때다. 한 여자 후배와 사진을 찍었다. 사무실에서 근무하는 모습을 함께 찍은 것이다. 사진을 찍은 후 얼마 있다 후배는 그 사진을 메일로 보내주면서 이렇게 설명을 달았다. '우리는 2:8 동지.'

'2:8 동지'라니? 나는 도무지 이 말을 알아들을 수가 없었다. 2:8이 뭐야?. 왜 우리가 2:8 동지라는 거야? 아무리 생각해도 알 수가 없었다.

후배에게 가서 물었다. '2:8이 뭐냐?' 다짜고짜 묻는 내가 후배는 어이가 없었던 모양이다. '그것도 모르냐' 얼굴로 머리를 가리켰다. 그래도 난 알아들을 수가 없었다. 머리? 너와 내 머리 크기? 그게 뭐? 나 머리 안 큰데?

후배는 "아이참"하면서 "가르마가 2:8이라고요"했다. 그러고 보니 후배와 나는 똑같이 2:8 가르마를 하고 있었다.

나는 사람들이 당시 내 머리 스타일을 2:8이라고 부른다는 것을 그때 처음 알았다. 알고 보니 2:8이라는 말은 머리스타일의 촌스러운 머리 스타일을 나타내는 대명사였다. 나만 모르고 있었던 것이다. '내가 나이가 든 것인가' 하는 생각이 불현듯 들었다.

요즘 사람들의 머리스타일은 대부분 2:8이 아니다. 가르마를 없앤 머리스타일이 유행이다. 그러다 보니 2:8이라는 말이 거의 사라졌고, 2:8 스타일을 하고 있으면 촌스러운 사람이 된 듯하다.

머리 스타일만이 아니다. 경제·경영학의 가장 기본 원리라고 알려졌던 20:80의 파레토 법칙도 그러하다.

잘 알다시피 이 법칙은 20퍼센트의 베스트셀러 혹은 히트상품이 회사 전체 매출의 80퍼센트를 담보하는 현상을 기초로 한 것이다. 한때 가장 효율적으로 생산성을 이끌 수 있는 이론이었다. 20퍼센트의 중심고객만 잘 살피면 80퍼센트를 팔 수 있으니 나머지 80퍼센트의 고객과 팔리지 않은 20퍼센트의 상품은 그리 중요하지 않았다.

하지만 지금은 어떤가. 20퍼센트의 중심고객은 물론 나머지 80퍼센트의 고객도 중심고객 못지않게 중요해졌다.

오프라인으로 형성되던 시장이 온라인으로 옮겨지면서 그동안 외면당했던 80퍼센트의 고객이 막강한 힘을 발휘하게 됐다. 이들이 전체 매출의 50퍼센트 이상을 차지할 만큼 힘의 중심이 이동한 것이다.

때문에 지금 20:80 이론은 그리 크게 소용되지 않는다.

만약 이러한 변화에도 불구하고 변화를 수용하지 못한 어느 기업이 20:80의 이론을 고집한다면 어떨까. 오래가지 못할 것이다.

변화에 적응하는 가장 좋은 방법은 기존에 있던 개념을 버리는 것이다. 낡은 개념을 계속 붙잡고 있으면 있을수록 미래는 어두워진다.

버려야 채워지는 것. 이것이 바로 공(空) 개념이다. 무(無)는 원래부터 없었던 것이다. 반면 공(空)은 원래는 있었는데 그것을 비우는 것이다. 변화에 가장 빠르게 적응하고, 이를 바탕으로 변화를 가장 잘 수용하는 방법이 바로 공(空)이다. 이러한 마음을 경영에 접목했을 때 이를 공경영(空經營)이라고 할 수 있다.

다양한 고객의 감성적 욕구를 충분히 만족시켜야만 하는 이때 고객의 니즈(needs)를 적극 수용해 제품을 생산하고 서비스를 제공하는 것 역시 공경영의 기초인 것이다.

문제는 공의 실현이 정말로 어렵다는 데 있다. 글자 모양새부터가 그렇다. '비다'는 뜻의 공(空)은 혈(穴)과 공(工)이 합해 이뤄진 글자다. 혈이 구멍을 뜻하고, 공은 도구를 의미한다. 도구를 활용해 구덩이를 파면 구멍이 생겨 비게 된다는 것을 풀이한 단어다.

공(空)이라는 글자를 보면 도구를 뜻하는 글자가 아래 있고 구멍을 뜻하는 혈이 위에 있다. 이 글자는 시사하는 바가 크다. 위에서 파 내려가 구멍을 내는 것이 아니라 아래에서부터 위로 뚫어 구멍을 내는 것이니 말이다.

이는 공(空)을 이루기가 그만큼 어렵다는 것을 의미한다. 하기야 비워낸다는 것이 어디 말처럼 쉬운 일인가.

사람의 마음은 태어나 교육을 받으면서부터 수많은 때(더러움 혹은 먼지)가 무수히 쌓이게 된다. 사람이 살면서 거짓과 미움 등 얼마나 나쁜 생각을 많이 하면서 살고 있는가. 이런 생각들이 원래의 깨끗하고 순수했던, 그리하여 무엇이든지 통찰할 수 있는 마음의 혜안을 덮어버린다. 나쁜 생각을 버리는 것이 바로 공(空)을 이루는 일이다. 마음의 수양이라는 말도 그 끝을 보면 그래서 빌 공(空)과 연결돼 있다.

공(空)의 상태에 이르면 세상 모든 것과 통(通)한다. 공이라는 글자가 '비다' '없다'에 이어 '통하게 되다'라는 뜻도 있는 것도 이 때문이다.

경제가 어려운 시기일수록, 기업이 승승장구할수록 기업가에게 가장 중요한 부각되는 마음가짐은 바로 공이다. 어디 이게 기업가만의 일인가. 무엇인가를 자꾸 채우려는 욕심만 있다면 변화와 '통하는 방법'을 잃게 될 가능성이 크다. 변화와 통하지 않으면 미래는 결코 있을 수 없지 않은가.

미래를 여는 아이디어도, 상상력도, 위기를 헤쳐 나가는 지혜도 사실은 이처럼 그동안의 삶을 버리는 마음에서 이뤄진다. 이것이 공을 이룸으로써 얻어지는 삶의 지혜이자 경영의 지혜다.

자, 그러면 어떻게 해야 공(空)을 이룰 수 있을까.

당신이 누군가를 사랑하다 헤어졌다고 상상해 보자. 사랑하는 사람과는 늘 함께 있어도 시간이 아쉽다. 밤이면 만나 사랑을 속삭이지만 그럴 때마다 왜 그렇게 밤은 짧은가. 겨울안개처럼 아득하고 아늑했던 사랑의 모습. 그러나 나는 애인과 헤어졌다. 그러니 그 사람과의 있었던 사랑의 단상들을 지워버려야 한다.

그러다가 문득 헤어진 애인에게 '사랑한다'고 편지를 쓰고 싶어진다. 헤어진 마당에 다시금 '사랑한다'는 고백이 과연 받아들여질까 두렵다. 그 두려움은 공포가 되어 다가온다. 아, 어찌할까. 망설인다. 안타깝고 답답한 마음에 급기야 내 눈에서 눈물이 쏟아진다. 하지만 어쩌랴. 이미 애인과는 헤어졌고, 사랑을 위한 모든 것이 지난 열망인 것을. 그 열망은 이제 내 것이 아닌 것을. 그러니 더욱 더 잊어야 한다. 과거를 버려야 한다.

나는 과거를 버리는 작업에 들어간다. 우선 그동안 애인과 나눴던 수많은 사랑의 모습이 머물던 그 자리를 폐쇄시킨다. 그 사랑의 공간에 문을 걸어 잠근 것이다. 이로써 사랑은 과거의 공간에 갇혀 더 이상 나에게 다가올 수 없게 됐다. 나의 열망이 살아 있던 그 공간은 내가 나옴으로서 빈집이 됐다. 마침내 나는 과거를 잊었다.

과거를 버리기 위해서는 과거 생각의 자리를 폐쇄해야 한다. 그 자리에 자물쇠를 걸어 잠근 후 통째로 버려야 한다. 이것이 공을 이루는 방법이다.

문제는 문을 걸어 잠그고 통째로 버리는 이런 행위가 행동이 아닌 내면으로 이뤄지는 것이라는 데 있다. 눈에 보이는 쓰레기처럼 과거를 버릴 수만 있다면 못할 사람이 누가 있겠는가. 하지만 드러나지 않는 내면의 일이기에 쉽지 않다.

내면이나 생각은 마음에 의해 이뤄지는 게 아니다. 의식에 의해 이뤄진다. 그러면 도대체 마음은 무엇이고, 의식은 무엇인가. 마음은 이 세상에 갓 태어난 아이가 가지고 있는 가장 순수하고 깨끗한 상태를 이르는 말이다.

우리가 사용하는 말 중에 '네 마음대로 해'가 있다. 이 말은 틀린 것이다. '네 의식대로 해'로 바꿔야 맞는다.

의식은 교육으로 인해 형성된 세계다. 사람은 기어다니기 시작하면서부터 '그건 하면 안돼'라는 교육을 받기 시작해 가정교육, 학교교육, 사회교육 등 연이은 교육 속에서 살아간다. 따라서 무엇이든 교육으로 형성된 가치에 의해 옳고 그름을 판단하게 되고, 그것이 가슴 한 구석에 남아 의식의 세계를 만든다.

'마음대로'하고 싶어도 그동안 배워온 의식의 세계가 알게 모르게 투입돼 방해를 한다. 그러다 나이가 들면 들수록 교육에 의한 의식이 마음을 지배하면서 마음은 사라지고 의식으로 행동하게 된다. 그러니 '네 마음대로 해'가 아니라 '네 의식대로 해'가 올바른 표현이다.

의식에는 부정이 많다. 욕심이 따르기 때문이다. 자신의 것만 챙기

려는 이기적인 욕심은 거짓을 낳는다. 더러움이다. 이 더러움이 마음에 때를 끼게 해 마음은 그 빛을 점점 잃게 된다. 마음을 다시 찾는 일을 우리는 수양을 쌓는다고 한다.

성직자도 아닌 평범한 사람이 사회생활을 하면서 진정한 마음을 찾는 방법이 무엇일까.

의식의 부정적인 면을, 더러움을 버려야 한다. 즉 거짓과 미움과 욕살 등과 같은 더러움을 조금씩 버리는 연습을 하면 된다. 그것이 완성되는 날 공은 이뤄진다.

공을 이루면 통(通)이 가능해진다. 통이란 마음과 마음의 교환이자 연결 아닌가. 상대를 대할 때, 의식의 세계를 벗어던지고 마음으로 대하면 소통은 저절로 이뤄진다. 더불어 경영의 지혜와 삶의 지혜가 다 가올 것이다.

시원(詩源)한 생각놀이터

1. TV 프로그램 중 남의 집에 찾아가서 밥 한끼를 먹는 '한끼줍쇼'라는 프로그램이 있다. 이 프로그램을 보면 끝날 때쯤 MC가 '상대를 칭찬할 수 있는 3가지는 무엇인가?' 하고 묻는다. 여기서는 상대가 아닌 자신에게 칭찬할 점을 찾아 적어보자. 그 다음 고쳐야 할 점을 적는다. '내 삶을 공경영하려면' 버려야 할 것이 무엇인지 생각해서 적어보자.

----

2. 우리 회사가 지속적 성장을 하기 위해 공경영 개념을 도입한다면 어떤 점을 버려야 할까 세 가지를 적어보자.

마법의 숫자 '3'을 활용하는 '3의 경영'

한 사람이 횡단보도에 서서 하늘을 쳐다보며 손으로 가리킨다. 횡단보도를 지나는 사람들은 이 사람에게 관심이 없다. 아무도 관심을 두지 않고 지나간다. 이때 또 다른 한 사람이 횡단보도에 선다. 그리고 처음 사람처럼 하늘을 쳐다보며 손으로 가리킨다. 이번에도 사람들의 반응은 별반 다르지 않다. 이상하다는 듯이 흘낏 두 사람을 쳐다보고는 가던 길을 재촉한다.

다시 한 사람이 더 왔다. 세 사람이 된 것이다. 세 사람이 똑같이 하늘을 쳐다보며 손가락으로 가리킨다. 이번에는 지나가는 사람들의 반응이 영판 다르다. '뭐가 보인다는 거야' 하면서 하늘을 같이 쳐다본다. 이제 지나가는 모든 사람이 아무것도 없는 하늘을 쳐다보기 시작한다.

2009년 봄 EBS TV에서 방영한 '3의 법칙'이라는 다큐 프로그램의 일부다. 이 프로그램을 보면 세 사람이 상황을 완전히 바꿔놓는다.

3의 힘이다. 3은 처음으로 공간이 만들어지는 숫자이기도 하다. 점과 점 두 개로는 공간이 만들어지지 않는다. 선도 마찬가지다. 선 두 개로는 공간이 생기지 않는다. 3개가 있어야 비로소 점을 연결하고 선을 연결해 공간이 만들어진다. 그러니 3은 자기 고유의 공간을 만드는 첫 숫자다.

3이라는 숫자는 우리에게 유독 좋은 의미를 가지고 있다. 나는 작년 가을 학기에 학교에서 강의하기에 앞서 약 20여명의 학생들에게 "좋아하는 숫자가 무엇이냐"고 질문을 한 적이 있다.

2라고 답한 한명만 빼고 전부 홀수를 이야기했다. 1이나 3 혹은 5, 7, 9 등을 답한 것이다. 특히 1에서 7까지 대부분의 답이 몰려 있었다. 왜 이런 일이 벌어진 것일까.

음양오행에 뿌리가 닿아 있는 우리 삶의 내면 의식 속에 홀수가 긍정적인 숫자로 자리 잡고 있기 때문이다. 음양오행에는 짝수가 음의 숫자이고 홀수는 양의 숫자이다. 짝수는 부정을 뜻하는 음의 숫자이니 죽은 자의 숫자이고, 홀수는 긍정을 뜻하는 양의 숫자이니 산 자의 숫자이다. 산 사람에게 세배할 때는 한번 절하지만 제사 지낼 때는 두 번 절하는 것이 이런 이유에서 기인한다.

우리의 절기나 명절도 모두 홀수 날이다. 설날은 1월 1일이고, 삼짇날은 3월 3일이다. 단오는 5월 5일이고 칠석은 7월 7일이다. 이런 날은 양의 기운이 강해, 그 기운으로 한해의 나쁜 기운인 음의 세력을 몰아낸다고 생각했다.

우리가 홀수를 좋아하는 이유가 또 있다. 우리는 예로부터 아귀가 딱 맞는 것을 별로 좋아하지 않았다. 야박하고 정이 없다고 생각한 것이다. 재래시장에서는 아직도 적당히 가격을 깎기도 하고 적당히 덤으로 얹혀주기도 한다. 정(情)의 표현이다.

이는 덕(德)과 인(仁) 사상과도 연결할 수도 있다. 덕이 있으니 남에게 하나씩 더 주려하고, 어짐이 있으니 어려운 살림살이를 헤아려 가격을 깎아도 적당히 웃으며 넘어갔다.

홀수 중에서도 3은 우리에게 특별한 의미를 가지고 있다. 홀수 1이 양기의 시작이라면 3은 충만된 양기를 상징한다. 5부터 정점에 이르러 7로 갈수록 음의 기운이 돋아난다. 9를 홀수 중에서 가장 나쁜 수로 생각한 것은 홀수가 커지면 커질수록 음의 기운이 많아지기에 그렇다. 점을 볼 때 9수가 좋지 않다고 말하는 것은 이런 이유에서다.

이 중 3은 양기가 가득하면서도 정점에 이르지 않아 더 많은 양기를 받아들일 수 있다. 그래서 3은 우리에게 특히 좋은 의미로 다가온다.

더욱이 우리말에는 초성, 중성, 종성 세 가지의 소리로 이어져 있는 경우가 가장 많다. '가위, 바위, 보'도 3가지로 나뉘어져 있고, 고스톱은 3명부터 시작할 수 있으며 3점을 내면 끝난다. '세번 고'를 하면 승부는 확실해진다. 씨름을 비롯해 대부분의 승부가 삼세판으로 이뤄진다.

　음양오행뿐 아니라 우리말의 구조 자체가 이러하니 살아가면서 여러 경우에 3이라는 숫자가 쓰이게 된다. 그러다 보니 3을 비롯한 홀수가 무의식적으로 좋아하는 숫자로 잠재하게 되는 것이다.

　앞의 EBS다큐멘터리에서 스탠포드대 짐 바르도 교수는 "3명이 모이면 집단이라는 개념이 생긴다"고 말한다.

　서울대 심리학과 최인철 교수는 "나, 그리고 나와 뜻을 같이 하는 한 사람 두 사람이 모이면 전체를 바꿀 수 있는 놀라운 상황이 된다"고 설명한다.

　우리의 전통 정형시인 시조 한 작품을 보자. 시조는 우리말의 초·중·종성 3성에서 비롯된 3장을 원칙으로 한다. 초장, 중장, 종장에다 종장은 반드시 3자로 시작해야 한다. 이것이 시조 창작의 기본이다.

하나 더하기

하나는

둘이 아닙니다

둘은 이 세상에

존재하지 않습니다

모두가

하나입니다

섬이

하나

해가

하나이듯

하나는 정직하여

휘어지지 않습니다

모든 것의 시작이고

모든 것의 끝입니다

고독은

그가 거느리는

고유의

영토입니다

　　　　　－이지엽, 〈떠도는 삼각형 3〉

이 시는 '하나 더하기/하나는 둘이' 아니라 모두 '하나'란다. 우리가 아는 숫자의 개념은 분명 하나 더하기 하나는 둘이다. 그런데 왜 아니라고 하는 것일까. 선이나 점의 더하기는 둘이 되지만 삼각형은 점으로 이어지든 선으로 이어지든 둘은 존재하지 않는다. 삼각형은 반드시 3 이상이 돼야 하나의 공간을 확보하는 새로운 세계를 만들게 된다. 섬이나 해가 만들어진 것도 삼각형이 출발이다. 삼각형이 공간을 만들어내는 첫 출발이니 말이다. 여기서부터 다변화하면 사각형도 되고 육각형도 되고 그 이상의 모양이나 둥근 모양까지 이루어지게 된다.

그러니 삼각형은 모든 공간의 시작이고 끝인 것이다. 처음은 늘 고독하니 삼각형은 고독을 거느린 영토가 아닌가.

3이 우리에게 주는 지혜가 대단하지 않은가. 그럼에도 우리는 왜 우리 스스로 가장 좋아하는 숫자인 3을 활용할 생각을 못하고 있었을까. 이제라도 '3의 경영'을 좀더 깊이 생각해야 하지 않을까.

고 이병철 회장은 이미 오래전에 3이라는 숫자를 사용하여 삼성이라는 브랜드를 만들었다. 삼성의 '삼'자가 그냥 들어간 게 아니다.

'미샤' 화장품이 초기에 안정적 성공을 할 수 있었던 이유가 제품가격 3,300원이어서, 제품에 비해 가격이 싸다는 점이 전부였을까. 의도적이든 아니든 가격에 3이라는 숫자가 들어가 사람들의 잠재된 긍정적 의식을 자극해 소비자 구매 욕구가 발생한 것은 아닐까.

해태의 '자일리톨 333'이 2등 상황에서 '색깔과 맛에 따라 3가지', '고기능 성분 3가지', '3배의 풍부한 향 3가지'를 결합했다고 해서 성공적인 판매를 할 수 있었을까. 브랜드에 333이라는 숫자가 암암리에 소비자의 구매 욕구에 작용하지는 않았을까. 역시 생각해 볼 문제다.

소비자, 직원의 내면에 숨어 있는 숫자에 대한 의식을 활용하면 판매방식과 홍보전략, 위기대처 방법 등 쓸모 있는 경영 요소를 찾아낼 수 있지 않을까. 이것이 소비자, 그리고 직원들과 소통하는 가장 좋은 방법이기도 하다.

시원(詩源)한 생각놀이터

1. 우리나라 사람은 3이라는 숫자를 좋아한다. 그렇다면 우리 회사는 3을 활용해 할 수 있는 판매나 광고 전략은 무엇인지 생각해 적어보자.

_____
_____
_____
_____
_____

2. '상대가 한 말을 세 번 되새겨 보자' 등 우리 회사 구성원이 3을 활용하면 어떤 소통의 방법이 있을지 생각해보자.

_____
_____
_____
_____
_____

차이를 연결하는 '틈경영'

홍선영 삼성경제연구소 연구원이 쓴 '세리CEO 마케팅 전략'에 이런 내용이 있다. 피부 관리 제품 중 파나소닉의 '나이트 스티머 나노케어'라는 게 있다. 수분을 공급하는 '스팀 미용기기'다. 이 제품은 2008년 11월 출시되자마자 폭발적인 인기를 끌면서 재고 부족현상을 겪었고 4개월 만에 연간 판매량 12만 대를 달성했다.

비결은 뭘까. 틈새 공략에 있다. 다른 수분공급 제품은 15분 정도 얼굴에 직접 대고 있어야 수분을 공급받을 수 있어서 번거롭고 불편했다. '나이트 스티머 나노케어'는 자면서 피부 관리를 할 수 있도록 했다. 타이머를 맞춰 놓으면 수면 중에 저절로 스팀이 분사되도록 한 것이다.

이 제품의 성공 비결은 버려지는 시간을 활용한 것이다. 일하지 않는 밤, 몸이 활동하지 않는 상황을 활용한 틈 공략이었던 것이다.

같은 회사의 '목욕탕 원세그 텔레비전'도 마찬가지 예에 속한다. 이 TV는 목욕할 때도 시청할 수 있도록 만들었다. 방수기능을 갖춰 수심 1m에서도 30분간 시청할 수 있다. 녹화기능도 갖춰 원하는 프로그램을 목욕하면서 볼 수 있도록 한 것이다.

목욕할 때는 보통 다른 일을 하지 못하는 것으로 생각한다. 하지만 욕조에 들어가 있거나 샤워하는 시간에도 다른 일을 할 수는 있다. 다만 다른 일에 필요한 기기나 기구가 젖는다는 점이 문제다. 이 문제만 해결하면 TV 역시 시간의 틈새 공략이 가능해진다. '목욕탕 원세그 텔레비전'은 남들이 생각하지 못했던 시간을 활용할 수 있도록 만든 제품이다.

시간경영이라는 말을 많이 한다. 시간은 한자로 時(때시)와 間(사이간)이다. 한자를 보면 시(時)와 시(時)의 사이다. 예를 들자면 1시와 2시의 사이를 부르는 것이다. 이때의 1시와 2시는 시각이고 이 사이는 시간, 즉 틈이라고 할 수 있다. 이를 보면 시간경영은 곧 틈경영인 셈이다.

너에게, 나에게

새봄

오는 것은

겨울 몸속에

틈이 생겼기 때문이네.

새로움은 이렇게

늘

틈에서 시작되네.

산들거리는 어린 나뭇잎에도,

마을로 내달리는 산 개울물에도,

굳건한 돌에도,

사람들 마음에도,

있네.

보이지 않게

틈은……

　　　　　　-황인원, 〈틈〉

　새봄이 오는 이유가 시간이 흘러서만이 아니다. 겨울에 틈이 생기니까 그 틈 속으로 봄이 비집고 들어갔기 때문이다. 새로움은 그렇게 생성된다. 틈은 세상 어디에나 있다. 나뭇잎에도 있고, 개울물에도 있고, 단단한 돌에도 있다. 자연뿐이 아니다. 시간에도 틈이 있고, 사람의 마음에도 틈이 있다.

그 틈을 연결하거나 틈을 더 벌리는 방법으로 활용하면 없던 것을 만들 수 있다. 시간의 틈은 시간이 끊어지지 않도록 연결하면 된다. 앞 시각과 뒷 시각 사이에 틈이 벌어지지 않게 인간의 사고나 의식, 그리고 행동을 지속시켜 움직임이 계속되도록 하면 된다.

시간은 계속 흐른다. 하지만 사람의 행동이나 생각은 항상 연결되지 않는다. 잠자는 시간도 있고 쉬는 시간도 있다. 걸어가는 시간도 있고, 목욕하는 시간도 있다. 몸과 뇌가 잠시 쉬는 시간과 사람의 욕망을 연결하는 것이다. '나이트 스티머 나노케어'나 '목욕탕 원세그 텔레비전'은 모두 그런 제품이라고 할 수 있다.

업종의 틈, 제품의 틈을 비롯해 모든 사물에도 틈이 있기 때문이다. 또 사람들의 생각에도 틈이 있다.

사물의 틈은 차이를 만드는 것이 중요하다. 차이는 기존 업종과 생각을 달리하거나 제품이 수준을 높이는 방법이다.

기존 업종과 차이를 만들어 성공한 경우가 2003년 법인 등록한 '퍼스트레이디'라는 국내 유일의 여성전문경호업체다.

지금이야 여성경호원이 낯설지 않지만 이때 만해도 경호업무는 전부 남성이 수행했다. 그러나 성폭력이나 스토킹 등 여성보호나 유괴

등에서 아이들을 보호하는 데는 남성의 도움보다 여성의 도움이 더 긴요했다. 이러한 시대적 요구에 부응해 남성의 일에서 틈을 발견해 여성과 아이들을 대상으로 하는 경호업무를 여성경호요원이 담당하는 새로운 시장을 창출했다. 남성의 업무에서 틈을 찾아 여성의 업무를 만들어 낸 것이다.

이어령 선생이 〈젊음의 탄생〉에서 언급했듯이 연필은 다른 필기구의 기능 수준을 높이는 데 일조한 제품이다. 새로운 필기구가 발명될 때마다 연필 멸망론이 대두됐지만 현재까지 연필을 끄떡없이 건재한 이유가 바로 지울 수 있다는 데 있다. 다른 필기구는 모두 쓰기만 할 수 있는데 연필은 지울 수 있도록 기능의 수준을 높이고 그에 따른 차이를 만들어낸 것이 연필을 지금까지 있게 했다.

틈 활용은 시간의 틈을 연결하는 것이고, 사물의 반대편에서 혹은 반대 개념으로 생각을 돌려 기존 모습에 없던 것을 새로 보태어 만들어내는 것이라고 할 수 있다.

이렇게 틈을 잘 활용해 만들어진 창조 경영의 하나가 바로 틈경영이다. 어디 경영뿐인가. 이를 잘 활용하면 곧 세대 간의 소통법으로도 이어진다.

틈을 잘 활용하려면 사고의 유연성이 필요하기 때문이다. 항상 이쪽과 저쪽 사이에서 양쪽을 두루 살펴서 벌어진 차이를 찾아 연결해야 한다. 유연은 리듬에서 나온다. 몸뿐 아니라 생각에도 리듬이 있어야 완벽한 유연함이 된다.

　글이든 말이든 자신의 얘기를 남에게 잘 전달하기 위해서는 리듬이 있어야 한다. 글에도 리듬이 있어야 하고, 말에도 리듬이 있어야 한다.

　한번 길게 썼으면 다음에는 짧게 써야 한다. 한번 짧게 썼으면 다음은 약간 길게 써야 한다. 짧게 쓴 문장이나 길게 쓴 문장이 계속 이어지면 금방 싫증이 난다. 문장이 너무 단조로운 탓이다.

　이를 탈피하기 위해 글을 잘 쓰거나 말을 잘 하는 사람은 문장이나 말을 길게 했다가 짧게 하는 등 장단을 적당히 섞는다. 그러면 읽거나, 듣는 사람이 적당히 긴장감을 갖게 된다. 그래야 몰두할 수 있는 것이다. 이것이 문장이나 말의 유연함이다.

　문장이나 말의 유연함은 사고의 유연함에서 나온다. 사고를 유연하게 하기 위해서는 생각의 길이도 '짧게 했다 길게 했다'를 반복해야 한다. 모든 사물을 바라볼 때도 사물의 경계에서 '이쪽과 저쪽을 들어갔다 나왔다'를 반복해야 한다. 이것이 생각의 유연함이다.

　모든 시에는 행의 길이가 같은 것이 거의 없다. 이는 리듬을 살리기 위함이다. 그 리듬이 읽는 사람으로 하여금 긴장과 풀어짐을 반복하면서 시의 의미를 더욱 잘 전달 받도록 하는 역할을 한다.

　마찬가지로 사고의 유연함이 있으면 시각과 시각의 틈을 찾아 연결할 수 있고, 모든 사물의 경계에 서서 차이를 찾아낼 수 있다. 뿐만 아니라 경계 반대편을 오가며 기존에 없던 것을 만들어내는 틈을 창조해낼 수 있게 된다. '틈경영'이다. 사고의 유연함을 동반해야 하는 '틈경영'은 곧 세대 간의 차이를 연결하는 소통의 방법이다.

시원(詩源)한 생각놀이터

1. 지금 우리 회사에서 생산하는 제품이 '틈경영'을 적용하면 완벽하지 않을 수 있다. 우리 회사 제품에는 어떤 틈이 있나. 그 틈을 연결한다면 어떤 제품이 나올까? 혹은 어떤 시장이 만들어질까.

---

2. 나의 회사 생활에는 리듬이 있는지 살펴보자. 리듬을 가지려면 지금 내가 하는 일과 다른 일을 해야 한다. 하는 일이 무엇을 계속 보는 사람은 자신이 남에게 보여지는 취미를 가져야 한다. 책을 보는 사람, 연구를 위해 늘 연구 대상을 들여다봐야 하는 사람들은 자신이 남에게 보여지는 공연이나, 노래를 부르는 취미를 가지면 한쪽으로 치우쳐진 사고의 틀이 유연함을 가질 수 있다.

내가 하는 일의 특징을 적어보고, 그 반대의 취미는 무엇이 있을까를 생각해 적어보자. 혹은 우리 회사 사람들이 공통적으로 가지고 있는 일의 특성을 살펴보고, 그 반대의 행동을 하려면 무슨 취미를 가지는 것이 좋을지 각각 적어보자. 이것 역시 생각의 유연함을 주는 사고 리듬감 연습이 된다.

창의적 발상의 원천
'유머 경영'

우리 집 작은 아이가 다섯살 때였던가. 퇴근하고 들어간 내게 아내가 들려준 이야기가 있다. 아내는 당시 이사하기 위해 집을 보러 다녔다. 하루는 아내가 아이들을 데리고 외출하면서 '어디 가는 것이냐'는 아이의 질문에 '집 보러 간다'고 했단다.

그리고 아이는 엄마를 따라 한참을 걸었다. 그러다가 어느 순간 문득 엄마를 쳐다보며 질문을 했다. "엄마, 여기로 가면 집 보러가 나와?"

아내는 아이에게 웃으면서 '집보러'는 그렇게 사용하는 말이 아니라고 설명해 줬단다.

집에 들어가자마자 아내는 나에게 아이의 질문이 '무척이나 재미있다'고 호들갑을 떨었다.

아이의 질문을 아내가 이토록 재미있게 느낀 이유가 뭘까. 아이가 문법을 바꿔놓았다는 데 있다. 아이가 '집보러'라는 단어의 활용을 알았던 몰랐던 그것은 크게 상관한 일이 아니다. 여기서 중요한 것은 '웃음은 고정관념이나 기존 생각의 질서에서 떨어져 나왔을 때 나온다'는 사실이다. 말하자면 의외성이 유머를 낳는다는 것이다.

의외성은 유머를 구사할 때 가장 유용한 방법이다. 개그맨들도 이런 방식의 유머를 많이 사용하곤 한다. 처음 이야기를 시작할 때는 결론을 충분히 예상할 것 같았는데 어느 순간 정반대의 결론을 내는 것이다. 일종의 상식 뒤집기 유머다.

목사가 어느 집 앞을 지나가다가 키가 작은 아이가 제 키보다 훨씬 높이 달려 있는 초인종을 누르려고 낑낑거리는 모습을 보았다.

보다 못한 그는 우아한 품으로 아이를 안아 올려 초인종을 아주 길게 누르게 해주었다.

그러고는 아주 인자한 미소를 지으며 물었다.

"이제 또 무엇을 도와 드릴까요 꼬마 신사님?"

그러자 아이가 다급하게 소리쳤다.

"튀어요!"

시골 부인이 난생 처음 특급 호텔에서 하룻밤을 묵게 됐다. 그 부인, 벨보이에게 안내를 받는데 뭔가 이상하다고 느꼈다.

"이봐요! 날 뭘로 보는 거예요? 촌에서 왔다고 무시하는 거예요?

난 분명히 돈을 냈다구요. 그런데 이렇게 비좁고 지저분한 방을 줘도 되는 거예요?"

잠자코 있던 벨보이가 공손이 말했다.

손님, 여긴 엘리베이터 안입니다. ('유머천사'에서 발췌)

이 두 가지 유머는 의외성을 활용해 유머를 만든 것이다. 의외성은 생각의 방식이 기존 생각의 질서와 다른 결론을 내는 것이다. 이런 유머의 방식이 새로운 발상으로 연결되고, 이 발상이 창조로 이어진다.

기업에서 생산성을 높이기 위해 유머를 활용하는 것도 이 때문이다. 유머가 소통의 수단으로 활용돼 사내 분위기를 단합시키고, 단합의 힘이 생산성을 높이는 기회를 제공한다는 것이다. 유머가 생산성을 최대 3배 이상 높인다고 한다. 이러한 사실이 알려지면서 유머는 이제 기업에서 필수적인 요소로 자리 잡았다.

의외성 혹은 상식 뒤집기 유머는 그냥 나오는 게 아니다. 사람들 생각의 공통점과 차이점을 정확히 파악해야 한다. 그래야 남들이 생각하지 못한 의외성을 찾을 수 있다.

그러니 유머를 잘 하려면 공부를 많이 해야 한다. 다른 사람의 심정을 포착하는 능력도 뛰어나야 한다. 사람들이 어떤 웃음을 원하는지 욕구를 찾을 수 있어야 하고, 그에 맞는 유머를 구사해야 하니 말이다.

물론 유머가 이런 요소만 가지고 있는 것은 아니다. 유머의 방법은 다양하다. 다양한 유머의 방식은 사고의 다양함으로 연결된다. 그래서 유머를 잘 하려면 마음(앞에서 말한 의식이다. 여기서는 일반적으로 사용하는 마음을 그대로 사용한다.)이 열려 있어야 한다. 기업에서 유머 있는 사람을 필요로 하는 이유는 사고의 다양함을 가진 인재를 얻기 위해서다.

한 조사에서 기업 대표들에게 "잘 노는 것이 경영에 도움이 되냐"는 질문을 한 적이 있다. 이 물음에 응답자의 95%가 '그렇다'고 대답했고, 이중 34%는 '매우 그렇다'며 강한 긍정을 보였다.

왜 이런 대답이 나왔을까. 그것은 응답자의 47%가 답한 이유에서 찾을 수 있다. "다양하고 색다른 경험 속에서 창의성이 자라기 때문"이다. 창의성에 반드시 필요한 요소가 의외성과 상식 뒤집기다. 이렇게 보면 결국 CEO들이 잘 노는 사람들에게서 보고자 한 것이 의외성과 상식을 뒤집는 기발한 창의적 사고인 것이다.

물론 아무리 유머가 많고 잘 놀아도 창의성이 없으면 기업에서 그리 소용되지 않는다. 유머 있고 잘 노는 사람이 대체로 창의성이 있기에 경영에 도움이 된다고 답한 것이다.

시원(詩源)한 생각놀이터

1. 유머 책을 보거나 인터넷에서 유머를 찾아 그것을 내 것으로 각색해 적어보고, 상대가 있다고 생각하고 유머를 구사해 본다.

----

2. 상식 뒤집기나 반전을 활용한 유머 하나를 간단하게 작성해본다.

'진국'을 얻는 '신뢰경영'

 "이익을 남기지 말고 사람을 남겨라." 거상 임상옥의 말이다. 장사꾼의 목적은 물건을 팔아 이득을 얻는 것이다. 그러나 임상옥은 결코 물건을 팔아 이득을 얻는다고 생각하지 않았다. 눈앞에 보이는 작은 이득을 취하다가 이득의 근원인 사람을 잃을 수 있기 때문이었다.
 그에게 이득은 흐르는 계곡물이지만 사람은 샘물이었을 것이다. 계곡물은 마를 수 있지만 그 근원인 샘물은 쉽게 마르지 않는다. 그가 사람을 중시해야 하는 이유가 여기에 있었다.
 사람을 얻으려면 어떻게 해야 하나. 나에게 이득을 주는 고객을 속여서는 안 된다. 그러려면 먼저 자신을 속이지 말아야 한다. 자신이 만족하지 않는 제품을 소비자에게 좋은 물건이라며 내놓는 장사꾼은 사람도 잃고 이득도 잃는다.
 장사꾼이 자신을 속이지 않을 때 고객은 그 장사꾼에게 신뢰를 보내게 된다. 고객의 신뢰를 얻은 장사꾼은 꼬리에 꼬리를 물고 다른 고객을 얻게 된다. 이것이 오늘날로 말하면 신뢰경영이다.

가수 이소라가 '자신의 공연이 스스로 만족스럽지 못했다'며 공연 입장료를 환불해 화제가 된 일이 있었다.

이소라는 2009년 5월 8일 서강대 메리홀에서 있은 공연에서 "오늘 내 노래가 마음에 들지 않는다. 여기까지 오신 분들께 이런 노래를 들려드리는 건 미안한 일이다"라며 "입장료를 받아서는 안 될 것 같다"고 말하곤 환불조치를 했다고 한다. 공연을 본 관객들이 '아니다, 괜찮다' '그럴 필요 없다' '공연 훌륭했다'고 외쳤음에도 불구하고 환불을 강행했다고 한다. 자신을 속이지 않는 행동이며 '사람을 남기라'는 임상옥 말을 실행한 셈이다.

가수가 고객을 상대로 파는 제품은 노래다. 이때 가수는 자신이 만족할 만한 최고의 노래로 대중을 상대해야 한다.

만약 자신이 부른 노래, 즉 제품이 스스로 만족스럽지 않았다면 제품을 팔지 말아야 하는 것이 당연하다. 이것이 신뢰경영의 기본이자 자신의 제품에 스스로 책임을 지겠다는 장인정신이고 프로정신인 것이다.

이소라는 가요계에서 처음으로 신뢰경영의 모습을 보여줬다. 이로써 이소라는 관객에게 믿음을 줬고, 관객은 그에게 더욱 더 큰 신뢰를 보내게 됐다. 임상옥의 말대로 이소라는 작은 이득을 버리고 진정 자신의 노래를 감상할 사람을 얻게 된 것이다.

문정희 시인은 '말로써 우리가 감동하던 시대는 지났다'면서 '온몸으로 통곡하는 것이 이 시대의 감동'이라고 강조한다. 그것을 〈참회詩1〉이라는 시에서 표현하기도 한다.

몸으로 울어야 감동한다는 것은 행동을 신뢰한다는 얘기다. 행동이 신뢰받는다는 것은 그만큼 말이 행동으로 옮겨지지 못했다는 것을 의미하기도 한다. 말은 믿지 못하고 행동만 믿는다는 것이다. 슬픈 일이다.

하지만 행동은 말에서 비롯된다. 말이 없으면 행동도 없다. 사람은 말로 시작해 말로 끝난다. 말을 하고 행동으로 실천을 했을 때 그제야 말이 끝난 것이다.

그러니 말이 신뢰를 받지 못하는 세상은 행동이 따르지 않아서 믿음이 사라진 시대다. 어찌 이런 상황이 부끄럽지 않겠는가.

신뢰는 믿음에서 온다. 믿음은 내가 만드는 것이고, 신뢰는 남이 나에게 주는 태도다. 그러니 내가 믿음 주는 말을 해야 남이 나에게 신뢰를 보내게 되는 것이다.

믿음이 신뢰로 넘어가는 과정에 반드시 필요한 것이 실천이다. 믿음은 말로써 이뤄지지만 신뢰는 말과 행동으로 이뤄진다. 믿음과 신뢰라는 단어에는 말이 동시에 들어 있다. 그래서 말이 사라지면 믿음도 없고 신뢰도 쌓일 수가 없게 된다. 말의 중요한 이유가 여기에 있다. 리더가 진정으로 말의 중요성을 깨닫고 말과 행동을 일체화할 때 주위에 '진국'이 몰려든다. '진국'이라는 말은 '거짓 없이 참된 것, 또는 그런 사람'을 일컫는다. 우리는 대체로 이 말을 아랫사람에게 사용한다. '일을 시켜보니 진국이더라'하고 말하곤 한다. 그저 한 명이나 두 명에게 사용하는 말이다.

아랫사람이 윗사람을 이렇게 표현하는 기업에서는 '진국'인 직원은 더욱 많아지게 된다. 윗사람이 믿음 있는 말을 하고 그에 따른 행동을 보임으로써 아랫사람이 신뢰를 하게 된 것이니 어찌 진국이 몰려들지 않겠는가.

사실 신뢰는 갓난아기처럼 가냘픈 육체를 가지고 있다. 슬쩍 건드리기만 해도 힘없이 쓰러진다. 오랫동안 지켜왔던 신뢰도 한번만 무너지면 그냥 사라진다.

그래서 기업인은 스쳐가는 바람과 한 약속이라도 반드시 지켜야 하는 것이다. 이같은 모습이 '사람을 남기는 장사'이고, 가수가 진정한 관객을 얻은 이유이며, 시인이 독자를 얻은 방법이다.

리더여, 먼저 직원을 향해 진국이 돼 보라. 기업을 성공으로 이끄는 신뢰경영의 한 방법이자 세대 차이를 극복하는 소통법이다.

시원(詩源)한 생각놀이터

1. 회사 생활하면서 내가 상대에게 믿음을 준 행동이 무엇이었는지 생각해 적어본다.

----

2. 상대가 나에게 신뢰를 준 일은 무엇이었는지를 적어본다. 상대가 나에게 한 행동이 내가 상대에게 믿음을 주는 행동이 될 수 있다.

생각이 살아있는 '기다림의 경영'

기다림. 세상을 살면서 누구나 한번쯤은 무엇인가를 기다리게 된다. 사랑을 기다리든, 기회를 기다리든, 성공을 기다리든 말이다.

기다림은 희망의 말이다. 또한 행복의 말이다. 세상 누구도 자신의 불행을 기다리지 않으며, 절망을 기다리지 않는다. 또 누구도 자신이 남에게 미움 당하는 것을 기다리지 않는다.

그렇다. 기다림은 희망과 형제다. 혹여 '나는 너의 실패를 기다린다'는 말을 했다고 하자. 이 역시 다른 사람의 실패에서 나의 희망을 보는 것이다. 나의 목표를 갖는 것이다.

그래서 기다림은 신념을 대신하는 단어이며, 지금의 고통을 삭혀 새로움을 탄생시킬 수 있는 단어다. 기다림이 없으면 목표가 없고, 희망이 없다. 삶을 영위할 생명력이 없는 것이다.

당신은 무슨 일로

그리합니까?

홀로이 개여울에 주저앉아서

파릇한 풀포기가

돋아 나오고

잔물은 봄바람에 헤적일 때에

가도 아주 가지는

않노라시던

그러한 약속(約束)이 있었겠지요

날마다 개여울에

나와 앉아서

하염없이 무엇을 생각합니다

가도 아주 가지는

않노라심은

굳이 잊지 말라는 부탁인지요

―김소월, 〈개여울〉

1972년. 전국을 강타한 가수가 있었다. 그는 당시 우아함의 대명사였다. 그런 격조 높은 분위기로 그는 김소월의 시 〈개여울〉을 대중가요로 부르곤 했다.

정미조. 그는 가수이자 미대 교수를 지낸 화가다. 그 변신은 그가 부른 〈개여울〉처럼 기다림의 진정한 의미를 실행에 옮긴 때문이다.

봄이면 파릇파릇 풀도 돋아나고 개여울 아래 잔물도 찰랑찰랑 움직이며 하류로 흘러간다. 그 흐름을 따라 어디론가 떠나고 싶은 게 사람의 마음이다. 그래서일까. 연인이 떠났다. 그리하여 연인을 기다리며 개여울에 앉아 있는 것이다.

이 시가 주는 시사점은 이제부터다. 마냥 하염없이 기다리고만 있는 것이 아니라 '무엇을 생각하고' 있다는 점을 상기해야 한다. '나는 너를 떠나지 않을 테니 너도 나의 약속을 잊지 말고 기다리라는 부탁'을 기억하는 것이다. '있었겠지요'나 '부탁인지요'라는 표현처럼 설사 그 약속이 확실하지는 않다 하더라도 그렇게 믿고 삶의 동력을 얻는다.

기다림은 이런 것이다. 기다림에는 이처럼 생각의 동력이 살아 있다. 동력을 잃고 바다를 표류하는 배처럼 그 어떤 선택의 힘도 잃어버리면 기다림이 아니다.

정미조는 대학 시절 기숙사 생활을 하면서 방에서 부른 노래가 소문이 나 학교 축제 때 패티김과 한 무대에 서게 되었다고 한다. 패티김은 그의 노래를 듣고 반해서 자신이 출연하는 TV쇼에 함께 출연하자고 제안했다.

하지만 당시 그가 다니던 대학은 방송 출연을 금지하고 있어 패티김의 제안은 성사될 수가 없었다. 그 후 각 레코드 회사에서 몰려들어 졸업과 동시에 가수가 된다. 이때 정미조는 친구들과 자신에게 반드시 미술인으로 돌아온다고 약속을 했다고 한다.

72년부터 가수 생활을 하면서도 그는 끊임없이 그림을 생각했다. 7년이 지난 어느 날 그는 홀연히 파리로 떠난다. 약속한 대로 그림을 그리기 위해서다. 그리고 그는 그곳에서 박사학위까지 받고 돌아와 대학교수와 화가로 변신했다.

정미조는 자신이 부른 〈개여울〉처럼 기다림에 자신이 원하는 것을 끊임없이 연결했다. 그런 생각과 의지의 동력을 잃지 않았다.

기다림은 이처럼 의도적인 선택이다. 진짜 하고자 하는 것을 위해 정중동(靜中動)하는 것이다. 그래서 인내와 숙고가 필요하다. 생각의 팽팽함이 없으면 이미 기다림이 아니다. 언제가 될지 모르지만 분명 좋은 일이 생길 것이라고 믿고 그에 따른 정보와 직관, 그리고 통찰력을 키우는 게 바로 기다림이다. 이것이 상대와의 소통에 앞선 자신과의 소통 방법이기도 하다.

경제가 어려울수록 기다림이 표류돼서는 안 된다. 이때야말로 자신에게 모자란 부분을 보충하는 공부의 시간이 되어야 한다. 그래야 때가 오면 다시금 날개를 펼 수 있는 것이다. 시에서 찾을 수 있는 기다림의 지혜다.

시원(詩源)한 생각놀이터

1. 기다림은 넋 놓고 시간이 지나기를 바라고 있는 게 아니다. 내가 할 수 있는 일을 하는 것이다. 승진을 기다리고 있다면 승진을 위해 나는 어떤 일을 해야만 한다.

그렇다면 나는 무엇을 기다리고 있으며 그 기다림을 위해 무슨 일을 어떻게 해야 하는지 서술해보자.

----

2. 지금 우리 회사가 기다리고 있는 것은 무엇인가. 그 기다림 속에 어떤 변혁이 이뤄지고 있는지를 생각하고 변혁이 이뤄질 방법을 찾아보자.

새로운 틀을 만드는 '무위경영(無爲經營)'

자연(自然)은 '스스로 그러함'을 말한다. '스스로 그러하다'라고 함은 '스스로 움직이는 힘이 있다'는 것이다. 이 힘은 과연 어떤 것일까. 결론부터 말하자면 이 힘은 그냥 아무것도 하지 않고 움직임을 따라가는 게 아니라 기존의 틀을 깨고 새로움을 여는 데서 나온다.

자연의 의미를 짚어보자. 알다시피 자연은 도교의 근본 사상이다. 도교에는 우주에 네 가지 큰 것이 있다고 가르친다. 사람과 땅, 하늘과, 자연이다. 사람의 근원은 땅이고, 땅의 근원은 하늘이며, 하늘의 근원은 자연이 된다. 이때 도는 천하 만물의 어머니이기에 자연과 근원이 같다. 그래서 도는 천하 만물의 어머니 품속이자 가장 큰 근원인 자연으로 돌아가고자 함에 있는 것이다.

그렇다면 자연에 흡수되는 방법은 뭘까. 근원의 본질을 따르는 것이다. 자연이라는 근원에 흡수되기 위해서는 자연의 본질을 따라야 한다.

 이번에는 자연의 본질이 궁금해진다. 자연의 본질은 무위(無爲)다. 무위란 말 그대로 '이룸이 없는 상태'다. 위(爲)는 '이루다, 만들다, 다스리다' 등을 뜻하는 의도적 행위를 지칭한다. 즉 삼라만상의 운행에 인간의 욕망을 의도적으로 무리하게 개입하지 않는 것이 무위다.

 이같은 무위가 먼저 이뤄져야 자연에 흡수될 수 있다. 문제는 무위가 그리 쉽지 않다는 데 있다. 아무것도 하지 않는 것은 결코 무위가 아니기 때문이다.

 생각해보라. 아침에 출근하기 위해 나서는 일부터 나에게 무위는 없다. 모두가 의도적으로 행하는 일이다. 점심 먹는 일도 그러하고 사무를 보는 일도 그러하다. 저녁에 집으로 돌아가는 행위 자체도 이미 무위가 아니다. 모든 것이 나의 의식으로 이뤄져 있다. 그러니 '지금 내 삶의 방식은 무위인가' 물으면 대답은 '아니다'가 나온다.

 아름다워지고 싶은 여성이 많다. 그런데 아름다워지고 싶다고 말은 하면서 기존의 살던 방식대로 살면 절대로 아름다워질 수가 없다. 생활방식을 바꿔 식생활도 달리하고, 하지 않던 운동도 하고, 더불어 여러 가지 책도 읽으면서 내면을 가꿔야 밖으로 아름다움이 배어 나오는 것이다. 이런 행동을 하지 않고 아름다워지는 경우는 없다.

 아름다움이라는 무위 상태로 자신을 만들기 위해 지금 나를 지배하고 있는 생각의 틀, 기존 가치와 사고의 틀, 언어의 틀을 깨야 한다.

무위는 그러니 지금의 삶의 방법을 끊임없이 변화시켜야 가능하다.

　무위는 지금 내가 가지고 있는 삶의 방식을 버리고 결국 새로운 틀을 만들어야 가는 무불위(無不爲)여야 도달할 수 있다. '무위자연'의 의미가 '무불위자연'로 돼야 진정으로 자연이라는 근원에 흡수돼 '스스로 그러하게' 되는 것이다.

　변화 경영이라는 말이 있다. 이때의 변화를 일으키는 근본은 무위에 도달하기 위함이다. 사람들은 대부분 변화와 무위는 별개의 것으로 생각한다. 하지만 그렇지 않다.

　진정으로 무위에 도달하기 위해서는 우선 자신의 처지나 위치를 잘 알아야 한다. 내가 지금 무엇을 하고자 하는지를 알아야 한다.

　기업으로 말하자면 우리 회사에서 어떤 제품을 만들어내는지, 고객은 어떤 사람들이고 어떤 것을 원하는지 과연 내가 만드는 것과 고객의 요구는 맞는지를 아는 것이다. 이러한 생각의 변화가 없으면 결코 무위에 도달할 수가 없다.

　다음은 이러한 변화가 가치가 있는 것인가 하는 점이다. 예를 들어 자사 제품이 잘 팔리지 않는 기업에서 제품을 팔기 위한 변화를 실행한다고 치자. 10퍼센트의 판매를 90퍼센트, 100퍼센트로 바꾸기 위해 여러 가지 대책을 강구했다고 치자. 그리하여 실제 목표를 달성했다고 치자. 과연 성공한 것일까.

　자신의 위치를 파악하는 무불위를 했으면 이제는 자연으로 가야 한다. 자연은 있는 그대로의 상태다. 자사 제품이나 자사의 이미지가 올라가 언제 어디서든 믿을 수 있는 좋은 기업으로 인식해야 한다. 브랜드만 보고도 고객이 무한한 신뢰를 보낼 때 비로소 '자연'에 이른 것이다.

그렇다면 목표 자체만이 아니라 그 목표가 회사 이미지를 재고시킬 수 있느냐를 봐야 한다. 그렇지 않으면 그 목표는 단기간의 성공에 지나지 않는다. 무위를 무불위로 바꾸었지만 자연에 이르지 못하기 때문이다.

이것을 보면 무위를 무불위로 바꾸되, 품질 향상과 고객서비스를 이뤄 진정으로 고객감동의 가치를 창출하는 자연의 상태에 도달하느냐가 기업에서 가장 중요한 문제로 대두된다.

> 꽃잎에 송알송알 맺혀 꽃말에 귀 기울이는 물방울. 풀잎 위 고요히 안착하여 스스로를 빛내는 영롱한 물방울. 스며들거나 깐깐오월 돋은별이면 증발할 것만 같은, 번지거나 명지바람이면 합쳐져 흘러내릴 것만 같은 한순간, 순간!
>
> 이윽고는 얽박고석 위 얼룩으로 남는 물. 방. 울.
>
> —이흔복, 〈물방울의 시〉

무위자연의 의미를 되짚게 하는 시다. 물방울이 자연으로 돌아가기 위해 무위를 행한다. 즉 그냥 꽃잎에 방울로 맺혀만 있는 게 아니라 그 꽃잎의 꽃말에 귀 기울인다. 기존의 자기중심의 틀을 벗어나 다른 존재의 사고 틀을 받아들이는 무불위를 행하는 것이다.

덕분에 물방울은 스스로 영롱해질 수 있다. 비록 순간적으로 오월 볕에 스며들거나 증발할 것 같은, 명지바람이 불면 번지거나 흘러내릴 것 같은 초조함과 고난이 있지만 얽박고석 위 '얼룩'으로 자연의 흐름을 타게 되는 것이다.

기업의 성공전략도 이와 같아야 한다. 리더는 직원들에게 자연에 흡수되는 방법을 빨리 깨닫게 해야 한다. 직원들의 끊임없이 사고의 틀, 가치의 틀을 깨도록 교육하고 독려해야 한다. 사람이 태어나 죽을 때까지 사람에게 무위자연에 도달하는 것은 불가능할지 모른다. 그러기에 무위에 도달하기 위해 끊임없이 무불위자연을 행해야 한다. 이것이 무위자연에서 배우는 무위경영이다.

무위경영에서 무불위경영을 생각하지 못하면, 그래서 자신의 사고의 틀을 벗어나지 않으면 자연스러운 소통의 방법도 차단된다는 점을 알아야 한다.

시원(詩源)한 생각놀이터

1. 무위경영은 본질을 따르는 것이다. 지금 우리 회사의 본질은 무엇인가를 생각해보자. 모든 회사의 근본적 본질은 이익 추구이지만 보통은 사훈이라는 게 있다. 사훈이 회사 존립의 본질인 경우도 있다. 그렇다면 회사는 본질을 따르기 위해 잘 하고 있는지 점검할 필요가 있다. 무위에 이르기 위해 어떤 무불위를 하고 있는가.

----

2. '내 삶의 본질은 무엇인가'도 생각해 볼 필요가 있다. 나는 나의 무위를 위해 어떤 무불위를 했는가. 앞으로 해야 하는가를 생각해보자.

대화 차단을 치유하는
'품의 경영'

비가 내린다. 창문으로 내리는 비를 보고 있다. 비가 나에게로 다가오고 싶은 모양이다. 끊임없이 창을 두드리다 일그러진 얼굴로 떨어진다. 무엇 때문일까. 나에게로 다가오고 싶어 하는 이유는. 나의 가슴에 안겨 자신이 말하지 못했던 과거의 아픔을 표현하고자 함일까.

수많은 상상을 한다. 하지만 나는 창문을 열지 않는다. 창을 열면 비를 맞는다는 극히 현실적인 생각 때문이다. 내가 창문을 열지 않는 한 비는 결코 나에게로 올 수 없다. 비와 나 사이에는 창이라는 장벽이 놓여 있다. 장벽은 곧 차단을 의미한다.

이 차단으로 인해 비는 나를 만날 수 없으니 한참을 창문만 두드리다 결국 돌아갈 것이다. 비가 그치면 나는 비를 잊어버리겠지만 비는 나를 무척 원망할지도 모른다. 차단은 그리움을 낳고 그리움은 원망을 잉태한다. 그리움이 쌓이면 한(恨)이 된다. 한은 맺힘이다. 나는 쏟아지는 비를 보며 비의 그리움과 한을 생각한다. 그러면서도 나는 창문을 열지 않는다. 나는 참 이기적인 사람이다.

이런 생각을 기업 경영으로 돌려서 생각해보면 어떨까. 나름 의미가 있다. 차단은 기업에 필요한 '피의 흐름' 소통을 막는 것이다. 직원과의 대화가 차단되면 기업은 동맥경화가 나타나고, 소비자와의 대화가 차단되면 말기 암에 걸리게 한다.

그러니 차단된 것을 뚫어서 연결해야 한다. 차단돼 맺힌 것을 풀지 않으면 피의 흐름은 좋아질 수 없다.

사실 우리는 차단된 것을 뚫는 데 탁월한 장점을 가지고 있는 민족이다. 그래서 맺힌 것은 반드시 풀어내는 문화를 가지고 있다. 맺힘의 당사자가 풀지 못하면 옆에서라도 도와서 풀어낸다.

고전 장화홍련전을 보자. 장화와 홍련은 억울하게 죽은 이후 저승에 가지 못하고 이승을 떠돈다. 그 이유가 억울함을 해소하지 못한 한(恨) 때문이다. 죽어서 누군가에게 자신들의 억울함을 호소해서 풀어야 하는데 풀어줄 사람이 없는 것이다.

장화와 홍련은 계속해서 사또에게 억울함을 호소하려고 한다. 고을에서 자신의 억울함을 해결해 줄 사람은 가장 큰 권력을 가진 사또뿐이 없다. 그래서 장화와 홍련은 죽은 이후로 계속 사또를 찾는다.

그런데 장화와 홍련을 본 사또들은 모두 무서움에 죽어나갔다. 이

때 정동호라는 사또가 등장한다. 정 사또는 다른 사또들이 죽어나갔음에도 불구하고 원인모를 사또들의 죽음을 해결하고자 자진해서 이 고을에 부임한다.

장화와 홍련은 정 사또에게 자신들의 억울함을 호소하게 되고, 결국 맺힌 한을 풀게 된다. 이 이야기를 만든 사람은 장화 홍련이 죽어 스스로 그 억울함을 해결하지 못하게 되자 제 3의 인물을 등장시켜 한을 풀도록 꾸민 것이다.

츄향전도 마찬가지다. 근원설화에서의 춘향은 원래 박색의 기생이었다. 근원설화란 춘향전이라는 고전소설이 나오게 된 원래 이야기를 말한다.

박색이었던 춘향은 누구에게도 관심을 받지 못했다. 그러던 어느 날 이 고을에 새로 사또가 부임해 왔다. 사또가 부임 첫날 춘향과 하룻밤을 자게 됐다. 이후 춘향은 꿈에 부풀었다. '이제 나도 사또의 사랑을 받을 것이다.'

이런 생각으로 춘향은 사또의 부름을 기다리고 있었지만 다음 날도 또 그 다음날도 사또는 춘향을 부르지 않았다. 사또는 그냥 하룻밤을 춘향이와 보냈을 뿐이다.

춘향은 사또에게 버림을 받은 것이었다. 지금까지 박색이라는 이유로 사랑 한번 받아보지 못하다가 신임 사또의 하룻밤 사랑을 받았고, 앞으로 계속 그렇게 되리라 믿었는데 그게 아니었던 것이다. 절망한 춘향은 목을 매 자살을 했다.

 이 일이 있은 후 남원에는 3년 동안 가뭄이 계속되었다. 남원 고을 사람들은 왜 가뭄이 이토록 심한가를 찾다가 춘향이의 한이 가뭄을 불렀다는 결론에 이르렀다. 그리하여 사람들은 춘향이의 원혼을 달래기 위해 굿을 하게 됐다. 춘향이의 원혼을 달래는 일은 굿으로만 끝난 게 아니다. 남원 사람들은 아예 춘향이의 원래 있던 이야기를 완전히 변형시켰다.

 박색이었던 춘향을 절세미인으로 만들고, 사또보다도 더 인물 좋고 나이도 어린 이 도령과 만나게 이야기를 꾸민 것이다. 이후부터 남원에는 가뭄이 없었다고 한다. 우리가 알고 있는 춘향전은 이렇게 해서 내용이 바뀌어 지금에 이른 것이다.

 〈원칙에서 출발하는 고객만족 경영〉이라는 책에 미국 백화점 업계 5위 안에 드는 매우 큰 체인망을 가진 패션전문 백화점 노드스트롬에 관한 이야기가 나온다. 이 백화점은 고객에게 절대로 'NO'라고 말하지 않는 것으로 유명하다.

 세일 기간에 산 옷을 일주일이 넘은 상황에서 반품을 했다. 그동안 세일기간은 이미 끝났다. 그럼에도 노드스트롬에서는 반품을 받아준다. 그것도 세일가격이 아닌 원래 가격으로 반품해준다.

 '어떤 상황에서도 고객에게 좋다고 생각하는 것을 실행한다. 그외 규칙은 없다'는 자사의 고객경영 철학을 그대로 따르기 때문에 나올 수 있는 행동이라고 한다.

이런 경영철학이 고객의 맺힘을 없게 한다. 반품한다는 것은 고객이 싫어하는 부분이 있다는 것이다. 이것이 풀어지지 않으면 맺힘으로 끝나게 된다. 이 맺힘이 연장되면 그 백화점의 신뢰도는 그만큼 떨어진다.

이 백화점 판매원은 고객 만족을 최우선으로 하는 결정을 내릴 수 있다. 이것이 고객의 맺힌 마음을 풀어지게 하는 원동력이다.

노드스트롬의 전 부사장인 벳시 샌더스는 "기업이 고객을 잃는 가장 큰 이유는 고객에 대한 사원의 냉담한 태도"라고 주장하면서 "놀라운 서비스를 하라"고 강조했다고 한다.

마감 시간에 임박해 손님이 급한 일로 백화점을 찾았다고 하자. 대부분의 직원이 퇴근해서 손님이 발만 동동 구르고 있을 때 어느 직원이 땀을 뻘뻘 흘려가며 창고까지 내려가 손님이 원하는 물건을 찾아주었다면 손님은 어떤 마음이 들까. 이러한 진심 어린 작은 서비스가 바로 벳시 샌더스 부사장이 말한 '놀라운 서비스'다. 이런 '놀라운 서비스'가 모여서 결국 전설과 신화를 이룬다는 것이다. 진심 어린 서비스로 손님의 답답함을 털어내게 하는 것 역시 품의 방식이다.

스칸디나비아 항공사 회장을 지낸 얀 칼센은 "여객기 승객이 더러운 재떨이를 발견하는 순간, 불쾌감만 느끼는 것이 아니라 비행기의 엔진 상태에 대해서도 의심한다"고 말했다.

아무리 작은 것이라 해도 고객의 불쾌한 '맺힘'을 반드시 그리고 빨리 '풀어내야' 하는 이유가 여기에 있다.

이렇게 하려면 어떻게 해야 할까. 남의 심정을 아는 것이 우선이다. 남의 아픔을 알고, 기쁨을 알아서 그에 맞게 나를 행동해야 한다. 남의 심정을 알고 그에 맞는 행동을 한다는 것이 말은 쉽지만 실행하기는 정말 어렵다. 자신의 삶을 180도 바꾸지 않으면 불가능하다. 이것이 고객경영 아닌가. 고객경영에서 고객 대신에 직원이라는 단어를 넣으면 그것이 곧 직원 우선 경영이 된다. 리더와 직원 간에 어찌 소통이 원활하지 않을 수 있겠는가.

시원(詩源)한 생각놀이터

1. 나는 아무렇지도 않게 생각했는데 상대가 상처를 받은 일은 없는지 생각해야 한다. 사소한 것이라도 불통(不通)은 거기서부터 출발한다. 상대가 아랫사람이든 윗사람이든 나의 태도를 돌아보자. 이때 생각하는 방법은 나의 지식이나 상식을 버리고 순수하게 상대의 관점으로 보는 것이다. 나의 관점으로 보면 이해하지 못하는 것이 너무 많다. 때문에 상대가 어떤 상황에서 어떤 생각을 했는지 상대의 관점으로 봐야 한다. 내 관점으로 봤을 때 풀리지 않던 일이 상대의 관점으로 보면 풀리는 경우가 많다.

_____
_____
_____
_____
_____
_____
_____
_____
_____
_____

2. '참여관찰법'이라는 게 있다. 판매자임을 알리지 않고 고객 속으로 들어가 고객 마음속에 얽혀 있는 매듭을 풀려고 고객의 소리를 듣는 방법이다. 이렇게 할 수 밖에 없는 이유는 우리 회사 관점으로 제품을 보게 되기에 고객의 마음을 알 수 없기 때문이다. 하지만 고객이 되어 고객의 마음을 찾아본다면 시간과 경비를 줄일 수 있다. 평소 내가 상대가 되는 연습을 하면 할수록 상대의 마음을 읽는 혜안을 갖게 된다.

나를 버리고 내가 회사 직원임을 버리고 철저하게 고객의 관점에서 회사 제품을 들여다보자. 과연 언제 필요하고, 굳이 살 필요가 있는가. 제품을 어떻게 수정하면 될지, 혹은 제품 인식을 달라 전달해야 할지를 생각해보자. 고객의 소리는 그 다음에 들어도 늦지 않다.

기억해 두어야 할 '생각정리'

공경영(空經營)
버려야 채워지는 것. 이것이 바로 공(空) 개념이다. 무(無)는 원래부터 없었던 것이다. 반면 공(空)은 원래는 있었는데 그것을 비우는 것이다. 변화에 가장 빠르게 적응하고, 이를 바탕으로 변화를 가장 잘 수용하는 방법이 바로 공(空)이다.

3의 경영
소비자, 직원의 내면에 숨어 있는 3이라는 숫자에 대한 의식을 활용하면 판매방식과 홍보전략, 위기대처 방법 등 쓸모 있는 경영 요소를 찾아낼 수도 있다. 이것이 소비자, 그리고 직원들과 소통하는 가장 좋은 방법이기도 하다.

틈 경영
시간에도 틈이 있고, 사람의 마음에도 틈이 있다. 그 틈을 연결하거나 틈을 더 벌리는 방법으로 활용하면 없던 것을 만들 수 있다. 시간의 틈은 시간이 끊어지지 않도록 연결하면 된다.

유머경영
유머가 생산성을 최대 3배 이상 높인다고 한다. 의외성 혹은 상식 뒤집기 유머는 그냥 나오는 게 아니다. 창의력이 좋아야 가능하다. 남들이 생각하지 못한 의외성을 찾는 사람들이다. 유머를 구사하는 직원이 많은 회사는 그래서 창의성이 좋은 회사다.

신뢰경영

신뢰는 믿음에서 온다. 믿음은 내가 만드는 것이고, 신뢰는 남이 나에게 주는 태도다. 그러니 내가 믿음 주는 말을 해야 남이 나에게 신뢰를 보내게 되는 것이다. 믿음이 신뢰로 넘어가는 과정에 반드시 필요한 것이 실천이다.

기다림의 경영

기다림은 진짜 하고자 하는 것을 위해 정중동(靜中動)하는 것이다. 그래서 인내와 숙고가 필요하다. 생각의 팽팽함이 없으면 이미 기다림이 아니다. 언제가 될지 모르지만 분명 좋은 일이 생길 것이라고 믿고 그에 따른 정보와 직관, 그리고 통찰력을 키우는 게 바로 기다림이다.

무위경영(無爲經營)

아름다움이라는 무위 상태로 자신을 만들기 위해 지금 나를 지배하고 있는 생각의 틀, 기존 가치와 사고의 틀, 언어의 틀을 깨야 한다. 무위는 그러니 지금의 삶의 방법을 끊임없이 변화시켜야 가능하다. 무위(無爲)는 무불위(無不爲)여야 가능하다.

품의 경영

남의 심정을 아는 것이 우선이다. 남의 아픔을 알고, 기쁨을 알아서 그에 맞게 나를 행동해야 한다. 남의 심정을 알고 그에 맞는 행동을 한다는 것이 말은 쉽지만 실행하기는 정말 어렵다. 자신의 삶을 180도 바꾸지 않으면 불가능하다. 이것이 고객경영 아닌가.

이 책에 사용된 작품들은 대부분 저작권자의 동의를 얻었습니다. 다만, 저작권자를 찾지 못하여 게재 허락을 받지 못한 작품에 대해서는 저작권자가 확인되는 대로 정식 절차를 밟고 게재 허락을 받겠습니다.

제4차 산업혁명의 '필수 역량'
생각플랫폼

초판 1쇄 인쇄 | 2018년 1월 5일
초판 2쇄 발행 | 2018년 11월 5일

지은이 | 황인원
펴낸곳 | 넌참예뻐
펴낸이 | 황인원

출판등록번호 | 310-96-20852
출판등록일자 | 2015년 7월 9일
주소 | 03317 서울시 은평구 갈현동 37길 64 404호
전화 | 02-719-2946
팩스 | 02-719-2947
E-mail | moonk0306@naver.com
홈페이지 | www.moonkyung.co.kr

* 책 가격은 뒤표지에 표시되어 있습니다.
* 이 책 저작권법에 따라 보호받는 저작물이므로 무단 복제와 전재를 금지하며,
  이 책 내용의 전부 또는 일부를 재사용하면 반드시 양측의 서면 동의를 받아야 합니다.

ISBN : 9791195602537 03320

넌참예뻐 도서출판 는 내면의 아름다움을 끌어올리는 마중물이 되겠습니다.